모르면 당하는 가맹사업 이야기

프랜차이즈 점주王 살아남기

김용선·김성호·신윤석·이창민·허국·박예지·민경훈

박영사

서 문

험난한 프랜차이즈 정글에서 당신의 손을 잡아줄 든든한 가이드!

안녕하세요, 열정 가득한 예비 사장님들! 그리고 이 순간에도 가게 불을 밝히고 땀 흘려 고군분투하고 계실 모든 가맹점주님들! 저희는 이 책을 함께 집필한 '22기 가맹거래사 7명의 동기들'입니다. 처음 가맹거래사 시험을 준비할 땐 그저 각자의 합격만을 목표했던 평범한 수험생들이었죠. 시험을 통해 만나보니 생각보다 다채로운 이력을 가진 사람들이었습니다. 법률 전문가인 변호사, 노동 관련 문제에 밝은 공인노무사, 현재 가맹본부를 경영하고 있는 가맹본부 대표, 각종 인허가 및 행정 업무에 정통한 행정사, 그리고 직접 프랜차이즈를 창업하고 운영하며 다양한 경험을 쌓은 가맹점주까지!

각 분야의 전문성을 가진 이들이 한자리에 모여, 가맹사업에 대한 폭넓은 시각과 실질적인 경험을 공유할 수 있었습니다. 덕분에 저희는 가맹사업을 법률, 경영, 그리고 현장의 관점에서 균형 있게 이해하며 이 책을 준비할 수 있었습니다. 변호사는 법적 쟁점을 명확히 설명하며 여러분의 권리 보호를 돕고, 공인노무사는 직원 관리 및 노동 분쟁 해결에 필요한 정보를 제공할 것입니다. 가맹본부 대표님은 본사의 시선에서 시장 흐름과 운영 방식을 이해하는 데 도움을 주고, 실제 점주 경험이 있는 동료들은 여러분의 어려움에 공감하며 현실적인 해결책을 함께 모색할 것입니다. 이처럼 다양한 전문가의 역량이 이 책에 담겨 있습니다.

저희가 이 책을 쓰기로 결심한 건, 다름 아닌 '정말 답답해서'였습니다.

"세상에, 이런 황당한 일도 생길 수 있어요? 제가 뭘 잘못한 거죠?"
"이거 누가 봐도 본사의 갑질 아닌가요? 정말 미치겠어요!"
"제가 지금 뭘 어떻게 해야 할지 감이 안 잡혀서 밤잠을 설쳐요… 이러다 가게 문을 닫게 될까 두려워요."

매일같이 들려오는 가맹점주님들의 한숨 섞인 질문들과 절망적인 목소리들이 저희의 마음을 너무나 아프게 울렸거든요. 법적 지식이 없다고 왜 우리 가맹점주님들은 '을'의 입장에서 억울하게 당해야만 하고, 왜 작은 문제 하나에도 밤잠 설치며 발만 동동 굴러야 할까요? 겉으로는 번지르르하고 화려한 성공 신화만을 이야기하는 프랜차이즈, 그 뒤편에는 정보의 비대칭이라는 거대한 벽과 예상치 못한 지뢰밭이 숨어 있다는 걸 지난 수많은 상담과 경험을 통해 너무나 많이 봐왔습니다. 예를 들어, 본사에서 제시한 예상 매출액만 믿고 모든 자산을 쏟아부었는데 실제로 운영해보니 발생하는 대출은 절반도 안 되거나, 본사의 강압적인 요구에 결국 폐업을 택해야 하는 안타까운 상황들 말이죠. 심지어 어떤 분들은 문제가 터지고 나서야 뒤늦게 전문가를 찾아와 "아, 진작 알았더라면 그렇게 큰 손해는 안 봤을 텐데요." 하고 후회하는 모습을 보며 저희도 함께 안타까워 해야만 했습니다. 이 모든 안타까움이 저희가 펜을 들게 만들었습니다.

솔직히, 프랜차이즈 창업? 처음엔 '이미 본사에서 다 세팅해 놓은 검증된 시스템이니까 쉽겠지!', '나 같은 초보도 본사에서 알아서 다 해주겠지! 나는 성공할 일만 남았네!' 하는 장밋빛 환상을 품기 쉽잖아요? 저희도 여러분과 똑같이 그런 생각을 했고, 실제로 그런 기대감으로 창업에 뛰어드는 분들을 수없이 만나왔습니다. 하지만 현실은 생각보다 훨씬 더 냉혹해요. 계약서 구석구석에 숨겨진 가맹점주에게 불리한 조항들, 본사의 일방적인 정책 변경, 예고 없이 진행되는 할인 행사, '브랜드 이미지 통일'이라는 명목의 멀쩡한 점포의 인테리어 리모델링 강요. 심지어 내 매장 옆에 똑같은 브랜드 매장이 생겨서 밥그릇을 위협하는 상황까지… 말 그대로 '프랜차이즈 정글'에 홀로 뚝 떨어진 기분이죠. 문제는 이런 상황에서 대부분의 점주님들이 '이거 왜 이러지? 내가 뭘 잘못했나?' 하고 당황하거나, '원래 다 이런 건가? 그냥 감수해야 하나?' 하며 본사의 부당한 요구를 그저 감수합니다. 결국 시간은 시간대로, 돈은 돈대로 엄청나게 날립니다. 심지어 매장 문까지 닫는 끔찍한 결과를 맞이하는 경우가 허다하다는 겁니다. '아는 것이 힘!'이라는 말이 이렇게 뼈저리게 와닿을 수가 없어요. 미리 알고 준비하면 속수무책으로 당할 일을 막을 수 있고, 제대로 알면 내 소중한 권리와 피땀 흘려 일군 자산을 굳건히 지킬 수 있는 게 이 바닥의 냉혹하면서도 확실한 진리입니다. 이는 단순한 비즈니스 지식을 넘어 여러분의 사업 생존과 직결되는 문제입니다.

그래서 저희는 머리를 모아 심도 있는 논의를 진행했습니다. '우리라도 제대로 된 길을 알려주자! 더 이상 가맹점주님들이 홀로 아파하고 외로워하는 것을 지켜볼 수만은 없어!' 이 책은 법률 용어로 가득 찬 딱딱한 이론서나, 현실과 동떨어진 경영학 교과서가 아닙니다. 저희가 직접 경험했거나, 많은 상담과 자문을 통해 들었던 '진짜보다 더 진짜 같은 사연들', 즉 실제 가맹점주님들의 아픔과 고민이 고스란히 담긴 이야기들을 바탕으로 썼어요. 각 에피소드들은 마치 일기처럼 편안하게 읽히면서도, 그 안에 담긴 문제의 본질은 날카롭게 꿰뚫어 볼 수 있도록 구성했습니다.

가맹점주님들이 실제로 마주할 수 있는 현실적인 문제들, 예를 들면 부당한 인테리어 강요, 불합리한 영업시간 구속, 불공정한 영업지역 침해 등 다양한 상황에 대해 그 배경과 함께 생생하게 이야기합니다. 그 다음 저희 전문가들의 냉철한 시선으로 '이럴 땐 이렇게 대처해야 합니다!', '이런 상황은 법적으로 이런 문제가 있습니다!', '이런 불합리한 요구는 단호하게 거절해도 됩니다!' 하고 촌철살인 같은 해결책과 함께 구체적인 예방 가이드를 제시해 드리고자 합니다. 이 책은 단순히 문제가 터졌을 때 불 끄는 소방수 역할을 하는 것을 넘어섭니다.

이 책은 문제가 발생하기 전에 미리 위험 신호를 감지해 자신을 지킬 방패를 준비하며, 불필요한 분쟁에 휘말리지 않도록 돕는 든든한 '가이드라인'이 될 것입니다. 각 챕터마다 실제 사례를 통해 문제 상황을 이해하고, 저희의 분석과 법률적, 실무적 조언을 통해 구체적인 대응 전략을 익히게 될 것입니다.

이 책을 통해 여러분이 얻으실 건 단순히 '정보' 그 이상이라고 감히 자신

있게 말씀드립니다. 막막함 속에서 '나만 이런 어려움을 겪나? 내가 유별난 건가?' 했던 외로움과 불안감을 덜어내고, '아, 나도 내 권리를 당당히 주장할 수 있구나! 나 혼자가 아니었어! 이렇게 해결할 수 있었네!' 하는 커다란 용기와 함께 든든한 연대감을 얻어 가셨으면 좋겠습니다. 변호사의 꼼꼼함으로 법적 쟁점을 날카롭게 짚어 주고, 노무사의 통찰력으로 사람 사이의 관계와 분쟁의 본질을 꿰뚫어 보고, 가맹본부 대표의 경험으로 본사의 의도와 전략을 파악하며, 가맹점주 선배들의 생생한 공감 능력으로 여러분의 마음을 어루만져 줄 것입니다. 다양한 배경을 가진 동기들이 머리를 맞대고 썼기에, 어떤 문제든 다각도에서 분석하고 가장 현실적이고 실용적인 조언을 드릴 수 있을 거라고 자부합니다.

이 책이 여러분의 사업을 지키는 든든한 방패이자, 위기 속에서도 기회를 찾을 수 있는 지혜의 등대가 되어줄 것입니다. 나아가 여러분이 이 책을 통해 얻은 지혜와 용기로 더 건강하고 공정한 가맹사업 생태계를 만드는 데 함께 기여할 수 있기를 바랍니다.

프랜차이즈 시장은 정말 끊임없이 변화하고 새로운 문제들이 예측 불가능하게 터져 나옵니다. 마치 살아 있는 생물처럼 말이죠. 하지만 그 속에서도 변하지 않는 단 하나의 확고한 진리는 바로 '내 사업은 내가 스스로 지켜야 한다'는 사장님의 굳건한 마음과 철저히 준비된 자세입니다. 본사가 모든 걸 해결해 줄 것이라는 막연한 기대를 버리고, 스스로 배우고 대비하는 자만이 이 정글에서 살아남을 수 있습니다. 저희 '22기 가맹거래사 7명의 동기들'은 이 책이 험난하고 때로는 외로운 프랜차이즈 여정에서 여러분의 든든한 나침반이자, 길을 잃지 않도록 어둠을 밝히는 작은 등불이 되기를 진심으로 바랍니다.

이제 막 첫걸음을 떼려는 예비 사장님들께는 '실패를 피하고 성공의 씨앗을 뿌리는 지혜'를, 지금 이 순간에도 가게를 지키며 고군분투 중인 사장님들께는 '예상치 못한 문제를 현명하게 해결하는 용기'를 전해 드릴게요.

자, 이제 저희와 함께 '프랜차이즈 점주로 살아남기' 위한 흥미진진하면서도 실용적인 여정을 시작해 볼까요? 이 책이 여러분의 소중한 사업에 실질적인 도움이 되기를 진심으로 바라며, 저희가 끝까지 함께 하겠습니다!

추천사

프랜차이즈 산업은 대한민국 자영업 생태계에서 차지하는 비중이 실로 막대합니다. 전국 방방곡곡 수많은 점포가 하나의 브랜드 아래 힘을 모으며, 그 속에서 수많은 가맹점주님의 땀과 열정이 오늘도 치열하게 살아 숨 쉬고 있습니다. 하지만 우리는 이 화려한 간판 뒤편에 숱한 갈등과 불안, 그리고 불합리와 억울함이 뒤섞여 있음을 너무나 잘 알고 있습니다. 그런 의미에서 오늘 이 자리에 소개되는『프랜차이즈 점주로 살아남기』는 단순한 책 한 권의 출간을 넘어 우리 산업의 건전한 발전을 위한 중요한 이정표라 생각합니다.

이 책은 일곱 분의 가맹거래사가 힘을 모아 가맹점주들의 답답함을 풀어주기 위해 집필했습니다. 흥미로운 점은 이들은 단순히 같은 시험을 통과한 전문가가 아니라 각기 다른 현장의 경력을 지니고 있다는 것입니다. 변호사, 공인노무사, 가맹본부 대표, 가맹점주 등 다양한 이력들이 어우러져 법률 · 노동 · 경영 · 실무를 아우르는 다면적인 시각이 한 권에 녹아들었습니다. 이는 어느 한 분야 전문가의 글로는 결코 담아낼 수 없는 폭과 깊이를 보여줍니다. 독자 여러분은 이 책을 통해 법적 쟁점의 날카로움과 동시에, 점포 운영의 현실적인 땀방울 냄새를 함께 느끼실 수 있을 것입니다.

저 또한 협회장으로서 수많은 가맹점주님의 목소리를 직접 들어왔습니다. "예상 매출과 현실의 괴리", "갑작스러운 인테리어 강요", "영업지역 침해로 인한 생존 위협", "본사의 일방적 할인 정책" 등은 이미 낯설지 않은 이야기입니다. 문제는 이러한 상황에 직면했을 때, 많은 가맹점주님이 적절한 대응 방법을 몰라 막막해한다는 사실입니다. 결국 분쟁이 발생하고 나서야 뒤늦게 전문가를 찾아와 "처음부터 알았더라면 이렇게까지는 되지 않았을 텐데…."라며 한탄하곤 합니다. 그렇기에, 예방의 지혜와 실질적인 대처 전략을 담아낸 이 책의 가치는 아무리 강조해도 지나치지 않습니다.

특히 이 책의 소중함은 '가맹점주님들의 눈높이에서 이야기한다.'라는 데 있습니다. 법률 용어를 나열한 딱딱한 교과서가 아니라, 실제 가맹점주님들이 겪은 사연을 토대로 이야기를 풀어내며 그 해결책을 제시합니다. 독자 여러분은 책장을 넘기며 마치 자신이 상담을 받는 듯한 공감과 위로를 경험하게 될 것입니다. 더불어, "아, 나만 이런 어려움을 겪는 것이 아니었구나.", "이렇게 대응할 수 있구나." 하는 용기와 자신감을 얻게 될 것입니다. 저는 이것이야말로 진정한 지식 나눔의 의미라고 믿습니다.

대한가맹거래사협회는 설립 이래 가맹점주와 본사가 공정하고 상생할 수 있는 환경을 만들기 위해 끊임없이 노력해 왔습니다. 그러나 제도적 장치와 협회의 활동만으로는 한계가 있습니다. 무엇보다 중요한 것은 가맹점주님 스스로가 자신의 권리를 알고 지킬 수 있는 준비가 되어 있어야 한다는 것입니다. 이 책은 바로 그 준비를 도와주는 든든한 지침서가 될 것입니다.

저는 확신합니다. 『프랜차이즈 점주로 살아남기』는 단순히 예비 창업자와 가맹점주를 위한 책에 머물지 않습니다. 공정한 프랜차이즈 문화를 바라는 모든 이들에게, 더 나아가 가맹본부 역시 스스로를 돌아보는 거울이 될 것입니다. 본사와 가맹점주가 서로 신뢰를 바탕으로 성장하려면, 무엇보다 투명하고 합리적인 관계 설정이 필수적이기 때문입니다.

이 책을 집필한 일곱 분의 가맹거래사께 깊은 경의를 표합니다. 또한 이 귀중한 지침서를 접하게 될 모든 독자 여러분께 진심 어린 축하를 드립니다. 여러분이 이 책을 통해 불필요한 위험을 예방하고, 어려움 속에서도 돌파구를 찾으며, 더 나아가 공정하고 건강한 가맹산업을 만들어가는 데 함께 기여하시길 바랍니다.

끝으로, 우리 모두가 지향해야 할 목표는 분명합니다. 가맹점주가 웃을 때 본사도 웃고, 본사가 성장할 때 가맹점주도 성장하는 상생의 생태계입니다. 이 책이 그 길로 나아가는 중요한 밑거름이 되기를, 그리고 독자 한 분 한 분의 사업이 튼튼히 뿌리내려 오래도록 성장하시기를 진심으로 기원합니다.

대한가맹거래사협회장
이정명

이성훈(세종대학교 경영전문대학원 교수)

프랜차이즈 산업은 고도의 지식산업이다. 장사로 돈 벌기가 아닌, 고도화된 시스템 사업이다. 많은 사람들이 부푼 꿈을 안고 프랜차이즈 산업에 뛰어든다. 성공한 사업가도 나오지만 대부분 실패의 쓴잔을 드는 경우가 허다하다. 이는 감에 의한 주먹구구식 경영에 기인하기 때문이다. 유통시장은 빠르게 변하고 소비자의 기호 또한 하루 앞을 내다보기 힘들다. 그럴수록 철저하게 데이터와 시스템을 기반으로 해야 한다. 저자들은 프랜차이즈 이론과 실무에서 남다른 열정과 전문성을 지니고 있다. 프랜차이즈에 대한 올바른 인식이 중요하다. 이번 책은 프랜차이즈 산업에 대해 알기 쉽게 접근함으로써 입문자에게 유용한 정보를 제공하고 있다. 저자들의 노고에 고마움을 표하며, 프랜차이즈 산업 발전에 분명 기여하는 저서가 될 것이라 믿는다.

박호진(한국프랜차이즈산업협회 사무총장)

한 그릇의 음식이 손님을 사로잡듯, 한 권의 책이 우리의 생각과 길을 바꿔놓을 때가 있습니다. 『프랜차이즈 본부로 성장하기』와 『프랜차이즈 점주로 살아남기』는 바로 그런 책이라고 생각합니다. 단순히 가게를 확장하는 방법을 넘어, 브랜드를 지키고 키우기 위한 과정을 보여주고 길을 알려주고 있습니다.

프랜차이즈의 길은 화려해 보이지만, 그 뒤에는 수많은 도전과 시행착오가 숨어 있습니다. 이 책은 그 길을 먼저 걸어본 전문가들의 목소리를 통해, 프랜차이즈 진입을 원하는 많은 분들에게 넘어야 할 장애물과 준비해야 할 무기를 생생하게 들려줄 것입니다.

김삼희[한국외식업중앙회 한국외식산업연구원 연구위원(본부장), 음식서비스 · 식품가공 인적자원개발위원회 사무총장]

오늘날 외식업은 인건비 · 임대료 상승과 원재료 가격 불안정, 소비자 기호 변화 등으로 치열한 생존 경쟁에 놓여 있습니다. 단순히 가게를 열었다는 사실만으로 성공을 기대하기 어렵습니다. 프랜차이즈 역시 '가맹만 하면 된다'는 단순한 기대와는 거리가 있습니다. 본부의 전략적 준비와 운영 표준화, 지속 가능한 지원, 점주의 학습과 실행 역량이 결합될 때 안정적 성장이 가능합니다. 준비와 안목 없이 뛰어든다면 실패 위험은 오히려 커질 수 있습니다.
『프랜차이즈 본부로 성장하기』와 『프랜차이즈 점주로 살아남기』는 외식업의 지속가능한 생존과 성장을 위한 구체적 해법을 제시합니다. 두 책은 본부와 점주의 시각을 아우르며, 함께 성장하고 상생하는 프랜차이즈의 본질을 보여줍니다.
성공은 우연이 아니라 준비와 전략의 결과입니다. 이 책은 외식업 경영자에게 꼭 필요한 나침반이 될 것입니다.

이만재[㈜고반홀딩스 대표이사]
이번 신간은 단순한 '프랜차이즈 본부 성공 매뉴얼'을 넘어섭니다. 현장에서 직접 부딪히며 쌓은 생생한 경험과 법 · 제도에 대한 깊은 통찰이 결합된, 살아 움직이는 실무 지침서입니다.
저자들은 가맹거래사, 변호사, 노무사, 행정사, 그리고 가맹본부 대표와 실무자로 활동해온 이들로, 책 속에서 화려한 성공담이 아닌 가맹사업이 안고 있는 현실적 위험과 이를 극복하기 위한 시스템적 해법을 풀어냅니다.
무엇보다도 「가맹사업법」을 토대로 점주와 본부가 함께 성장할 수 있는 길을 제시하기에, 브랜드 창업가 · 경영자는 물론 현장에서 고군분투하는 모든 리더에게 반드시 필요한 안내서라 할 수 있습니다.

차례

일러두기

KEYPOINT

프랜차이즈, 위탁/대리점, 그리고 '유사가맹'의 숨겨진 차이!

1. 프랜차이즈 (가맹점사업자)

'가맹사업거래의 공정화에 관한 법률'(줄여서 가맹사업법) 제2조 제1호에 따르면, "가맹사업"이란 가맹본부가 가맹점사업자로 하여금 자신의 영업표지(상표, 서비스표 등)를 사용하여 일정한 품질 기준이나 영업 방식에 따라 상품 또는 용역을 판매하도록 하고, 가맹점사업자에게 경영 및 영업 활동에 대한 지원 · 교육과 통제를 하며, 그 대가로 가맹금을 받는 계속적인 거래 관계를 말합니다. 쉽게 말해, 본사의 브랜드를 쓰고, 그 노하우를 배우며 장사하는 '진짜 사장님'이죠.

핵심 개념 영업표지 사용, 본사의 통제 하에 노하우 제공 및 운영, 가맹금 지불, 독립된 사업자로서 이익/손실 직접 부담

특 징 가맹사업법의 강력한 보호를 받아 본사의 갑질로부터 점주를 보호하며, 정보공개서 제공 의무, 계약 갱신 요구권, 영업지역 보호 등 중요한 권리들을 가질 수 있음

2. 위탁점

본사가 점포를 소유하고, 점주는 그 운영을 위탁받아 관리하는 형태로, 본사의 '고용된 점장'에 가깝습니다.

핵심 개념 본사 소유 점포, 본사가 정한 위탁 수수료 수익, 본사의 강력한 지시와 통제를 받으며 독립적인 의사결정권이 거의 없음

특 징 가맹사업법의 보호를 받지 못해 본사의 부당 행위에 대한 법적 보호막이 훨씬 얇음

3. 대리점

본사의 상품을 공급받아 판매하거나 본사를 대리하여 계약하는 곳으로, 본사 제품의 판매 채널 역할을 합니다.

핵심 개념 상품 판매 중심, 판매 가격이나 마케팅 등에 본사의 제한을 받으며, 판매 수수료나 마진으로 수익을 얻음

1. KEYPOINT

각 장의 주제와 관련된 법적 근거, 판례, 공신력 있는 자료를 모았습니다. 중요한 순간에 정확한 판단을 내려야 하는 점주님들의 고충을 덜 수 있도록 필수적인 정보와 함께 법적 근거를 추려냈습니다.

TIP!

가맹거래사의 조언

간판의 상호가 똑같다고 프랜차이즈가 아니에요. 계약의 법적 성격을 모르면 '프랜차이즈 사장님'인 줄 알았는데 매장 운영을 맡은 고용된 관리자인 점장이 되거나, 법의 보호를 받지 못하는 '호구'가 될 수 있습니다. 계약 전 반드시 그 실체를 파악해야 합니다.

일반인이 계약서만 보고 이 차이를 구분하기는 어렵습니다. 본사가 우리만 믿으라며 계약을 서두르게 하거나, '정보공개서' 대신 '개설 제안서' 같은 모호한 서류만 제공한다면 '유사가맹'을 의심해봐야 합니다.

또 하나 중요한 것은 계약서의 제목(명칭)이 아닙니다. 가맹사업거래의 공정화에 관한 법률(이하 '가맹사업법')의 보호를 받을 수 있는지 여부는 그 계약의 실질에 따라 결정됩니다.

만약 여러분이 특정 브랜드의 ▲ 동일한 영업표지(상호, 상표, 서비스표 등)를 사용하고, ▲ 그 대가로 본사에 일정한 가맹금을 지급하며, ▲ 본사로부터 경영 지원(영업 방식, 품질 관리, 교육 등)을 받는다면, 비록 계약서의 명칭이 무엇이든 관계없이 이는 가맹사업법의 적용을 받는 '가맹사업'에 해당합니다. 이러한 경우 가맹사업법에 따라 본사는 정보공개서 제공 의무 등 다양한 법적 의무를 부담하게 되며, 가맹점주는 법의 보호를 받을 수 있는 권리를 갖게 됩니다.

따라서 계약서의 제목(명칭)만을 보고 안심하거나 포기하지 마세요. 계약서 내용을 꼼꼼히 확인하고, 계약서에 도장을 찍기 전, 반드시 가맹거래사 등 전문가에게 계약서 검토를 의뢰하여 법적 성격과 숨겨진 독소 조항을 확인하는 것이 내 재산을 지키는 가장 확실한 방법입니다.

2. TIP!

저자들이 실제로 프랜차이즈를 운영하며 체득한 현실적인 경험과 조언입니다. 인터넷에 검색하거나 주변에 물어보기 어려운 자잘한 정보까지 모았습니다. 프랜차이즈를 운영하면서 반드시 마주치게 되는 현실적 고민거리를 한눈에 볼 수 있도록 정리했습니다.

PART 01

프랜차이즈 사장님이 되는 법

01

프랜차이즈 창업, 알고 시작해야 안 망해요

강점주 / 여성 / 35세 / ENFP

10년간의 직장 생활에 번아웃을 느끼고 과감히 사표를 던진 후 창업에 도전하는 새로운 도전을 꿈꾸는 30대 직장인이다. 넘치는 열정과 아이디어로 창업박람회를 순회하며 트렌디한 브랜드를 탐색하는 것을 즐긴다. 자신의 좌충우돌 창업 준비 과정을 SNS에 **#퇴사일기 #사장님라이프 #강점주창업기**와 같은 해시태그와 함께 일기처럼 기록하며 사람들과 소통한다. 프랜차이즈 카페 사장님에 대한 막연한 로망과 환상을 가지고 있었지만, 현실의 벽에 부딪히며 '제대로 된 선택 기준'의 중요성을 온몸으로 깨달아가는 인물. 그녀의 이야기는 곧, 우리 주변의 수많은 예비 창업자들의 현실적인 고민과 성장을 대변한다.

내 인생 2막, 이제 사장님으로 출근합니다.

2023년 3월 15일, 날씨 맑음

10년 넘게 다닌 직장, 결국 때려치웠어! 번아웃에 몸도 마음도 너덜너덜해서 더는 못 참겠더라고. '강 과장'이라는 이름표도 이제 안녕! 사표 내는 순간! 세상에, 그 짐이 한순간에 사라지는 느낌! 완전 날아갈 것 같았지!

어느 날 거울 속 초라한 내 모습에 '이게 진짜 내가 원하던 삶인가?' 싶었어. 남이 깔아놓은 판 말고, '강점주'라는 내 이름 걸고 내 거 제대로 해 보고 싶다는 열망이 터져 버렸지 뭐야! 오래전부터 꿈꿨던, 원두 향 가득한 아늑한 카페 사장님 모습이 눈앞에 선명하게 그려졌거든.

그 꿈, 이제 더 이상 꿈이 아니었어. 완전 현실이 된 거지! '이제 강점주, 내가 진짜 사장이다!' 외치면서 새로운 삶으로 힘차게 나아갔지! 앞날이 좀 캄캄하고 무섭긴 했지만, 지금보단 훨씬 낫겠다는 확신이 날 이끌었어.

솔직히 개인 창업은 엄두도 안 났어. 요리, 인테리어, 마케팅 다 생 초보였거든. 근데 프랜차이즈는 달랐지! 이미 성공한 브랜드 노하우랑 시스템을 그대로 쓸 수 있대. 메뉴 개발, 인테리어, 마케팅까지 본사에서 다 해 준다는 거야. 완전 솔깃하잖아! 깔끔하게 포장된 고속도로를 달리는 기분? 성공 공식에 내 열정만 더하면 대박은 따놓은 당상이라고 생각했어. 아, 그때는 장밋빛 환상에 눈이 완전히 멀었었나 봐.

수많은 프랜차이즈 중에 'A 카페'가 내 눈에 딱 들어왔어. 동네마다 손님들이 바글바글한 걸 보고 '여긴 무조건 대박이다!' 싶었지. 본사 설명회에선 체계적인 교육, 트렌디한 신메뉴, 적극적인 마케팅 지원까지 해준대! 완전 초보 사장님한테 딱이잖아? 특히 회사 월급 두 배 넘는다는 예상 순수익 자료를 보는데, 와, 진짜 미치겠는 거야! 잠도 안 오고 설렘 폭발이었지!

물론 주변에서 걱정하는 사람들도 많았어. 동료들은 '경기 안 좋은데 괜찮겠냐?', '프랜차이즈 본사 갑질도 심하다던데…' 하면서 걱정하더라고. 부모님도 '장사가 쉬운 줄 아느냐'며 불안해하셨지. 인터넷엔 '프랜차이즈 계약 조심!' 같은 무서운 글도 많았고. 근데 희한하게도 그런 말들이 하나도 귀에 안 들어오는 거야. 솔직히 '듣고 싶지 않았다'가 맞겠지. '그건 다 게으르거나 운 없던 남의 얘기'라고 치부해 버렸어. 난 준비도 열심히 했고, A 카페는 워낙 탄탄하니까! 본사 담당자 목소리랑 매력적인 숫자들도 너무 강렬했거든. 더는 회사에 묶여서 살고 싶지 않다는 열망도 컸고. 난 무조건 성공할 거라고 굳게 믿었어. '나는 달라! 나한테는 그런 일 안 생겨!' 이런 근거 없는 자신감! 그게 제일 위험한 착각이었다는 걸 그때는 꿈에도 몰랐지.

이제 내 가게, 내 사업으로 나만의 성공 스토리를 만들 시간이야! 돈만 버는 사장 말고, 손님들한테 행복 주고, 직원들한테 좋은 일자리 주는 멋진 사장님이 되고 싶었어. 매일 아침 가게 문을 열 때마다 가슴 벅찬 설렘을 느끼고, 내 손으로 가게 키우는 보람도 누리고 싶었거든. 앞으로 펼쳐질 강점주의 좌충우돌 사장님 라이프! 벌써부터 너무 기대 돼! 내 인생은 지금부터가 진짜 시작인 것 같아! '난 할 수 있어!' 이 외침이 단순한 희망이 아니라, 내 모든 걸 걸고 증명해야 할 운명이 될 줄은, 그날의 난 진짜 꿈에도 몰랐지.

1-1 프랜차이즈, 대체 넌 누구니? 이 정도는 알아야 호구 안 되지! (프랜차이즈 개념 알기)

2023년 4월 2일, 흐림

사표를 던지고 나니 마음은 홀가분했지만, 막상 뭘 해야 할지 막막한 건 여전하다. 사장이 되겠다고 큰소리는 쳤는데, 정작 무슨 사업을 할지는 명확하지 않다. 처음엔 '나만의 개성 넘치는 카페를 열까'도 생각했다. 빈티지한 가구에 직접 그린 그림을 걸어 두고, 손님들과 시시콜콜한 이야기를 나누는, 그런 아늑한 공간. 상상만으로도 행복해졌다. 그런데 막상 구체적으로 들어가려니 머리가 지끈거렸다. 어떤 원두를 써야 최고급 맛을 낼 수 있을까? 인테리어는 어디서부터 시작해야 하지? 간판은? 그리고 무엇보다, 어떻게 손님들을 끌어모으지? 벌써부터 답이 보이지 않았다. 아, 이거 쉬운 게 아니구나. 초보 사장에게 세상은 그렇게 호락호락하지 않다.

그러던 와중에 내 눈에 들어온 것이 바로 프랜차이즈였다. 예전에 유튜브에서 '프랜차이즈 창업의 장점' 같은 영상을 본 적이 있는데, 그때는 흘려들었던 내용들이 사표를 낸 지금은 새롭게 다가왔다. '초보도 쉽게 할 수 있다.', '검증된 시스템으로 리스크가 적다.'라는 말들이 마치 나를 위한 맞춤형 주문처럼 들렸다. 솔직히 말해서 나는 창업에 대한 지식이 전무하다. 회사에서 엑셀 함수나 파고들던 내가 갑자기 사업가로 변신하려니, 마치 맨몸으로 정글에 뛰어드는 기분이었달까? 그런데 프랜차이즈는 나 같은 '창알못(창업을 알지 못하는 사람)' 사장을 위한 든든한 방패막이가 되어줄 것 같다. 최소한 길을 잃고 헤매진 않을 것 같았으니까.

그때부터 프랜차이즈라는 개념을 파고들기 시작했다. 대체 프랜차이즈가 뭐길래 이렇게 많은 사람들이 몰리고, 또 어떤 사람들은 독이 될 수도 있다고 경고하는 걸까? 단순히 유명한 간판만 빌려 쓰는 건 아닐 텐데. 내가 이해하고 찾아본 프랜차이즈는 이런 거였다. 바로 '본사의 검증된 사업 노하우와 잘 알려진 브랜드 사용권을 통째로 빌려 쓰는 계약'이라는 것! 쉽게 말해, 내가 직접 겪으며 시간과 돈을 쏟아부어야 할 '삽질'의 시간을 본사가 대신 해주고, 그 대가로 일종의 수업료를 내는 거라고 할 수 있다. 본사(프랜차이저, 혹은 가맹본부라고 부르더라)는 이미 성공적인 사업 모델을 가지고 있고, 나 같은 점주(프랜차이지, 또는 가맹점사업자)는 그 본사의 브랜드 이름, 상징적인 로고, 간판 디자인, 핵심 메뉴 레시피, 체계적인 운영 방식, 그리고 효과적인 마케팅 전략 등 모든 것을 그대로 가져다 쓰는 거다. 여기에 본사의 품질 관리와 영업 지도까지 받게 되니, 혼자서는 꿈도 못 꿀 수준의 사업 시스템을 갖추게 되는 셈이다. 이건 단순히 '빌린다.'는 표현으로는 부족하다. 마치 본사라는 거대한 나무의 튼튼한 뿌리에 내 작은 줄기를 연결하는 느낌이랄까? 나는 본사의 성장과 함께 내 가게도 자라날 거라는 기대감에 부풀었다.

그런데 인터넷을 파면 팔수록 머리가 더 복잡해졌다. 어떤 글에서는 '프랜차이즈'라고 해놓고 실제로는 '위탁점'이나 '대리점'인 경우가 많다고 했다. 심지어 '유사가맹'이라는 듣도 보도 못한 용어까지 나왔다. 아니, 이게 다 무슨 소리야? 간판만 A 카페면 다 똑같은 A 카페 사장님 아니었어? 수소문 끝에 창업 커뮤니티에서 알게 된 가맹거래사님께 전화를 걸었다.

강점주: 가맹거래사님, 안녕하세요! 창업 준비 중인 강점주라고 합니다. 다름이 아니라 프랜차이즈 계약을 알아보는데, 위탁점, 대리점, 유사가맹… 너무 헷갈려서 요ㅠㅠ

가맹거래사: 강점주님, 바로 그 지점이 예비 창업자들이 가장 많이 빠지는 함정입니다. 핵심은 '가맹사업법'의 보호를 받느냐, 못 받느냐입니다. 프랜차이즈, 즉 '가맹점'은 가맹사업법에 따라 정보공개서 제공 의무, 영업지역 보호, 계약갱신요구권 등 본사의 갑질로부터 점주를 보호하는 강력한 법적 장치가 마련되어 있어요. 점주님은 독립된 사업자로서 본사의 노하우를 '전수'받고 그 대가로 가맹금을 내는, 말 그대로 '진짜 사장님'이죠.

강점주: 아하! 그럼 위탁점이나 대리점은요?

가맹거래사: 좋은 질문입니다. '위탁점'은 본사 소유의 매장을 점주가 위탁받아 운영만 해주는, 사실상 '고용된 점장'에 가깝습니다. 수익도 매출에 따른 수수료 형태고요. '대리점'은 본사 물건을 받아다 파는 '판매 대리인' 성격이 강합니다. 이 둘은 가맹사업법의 보호를 받지 못하기 때문에 본사가 부당한 요구를 해도 법적으로 대응하기가 훨씬 까다롭습니다.

강점주: 맙소사… 그럼 '유사가맹'은 뭔가요? 이름이 너무 무서운데요.

가맹거래사: 그게 제일 악질적인 경우입니다. 겉모습은 프랜차이즈처럼 꾸며 놓고, 계약서 내용은 교묘하게 대리점 계약처럼 만들어서 가맹사업법의 규제를 피해 가려는 '위장 프랜차이즈'라고 보시면 됩니다. 점주에게는 프랜차이즈라는 환상을 심어 주면서, 정작 법적인 보호는 해주지 않으려는 꼼수죠. 나중에 분쟁이 생기면 '우리는 가맹계약이 아닌데요?' 하고 오리발을 내밀 가능성이 매우 높습니다.

강점주: 와… 정말 아는 게 힘이네요. 하마터면 간판만 보고 덜컥 계약할 뻔했어요. 정말 감사합니다!

전화를 끊고 나니 머릿속이 맑아지는 기분이었다. 프랜차이즈는 단순한 체인점이 아니라, 하나의 사업 모델과 그 노하우, 그리고 브랜드 파워를 통째로 이식 받는 개념이라는 것을 명확히 이해하게 되었다. 동시에, 내가 얼마나 순진하게 생각했는지 깨닫고 얼굴이 화끈거렸다. '이 정도면 완벽한 사업 그림 아닌가?' 하고 행복한 상상의 나래만 펼쳤던 지난날의 내가 바보 같았다. 그 상상은 너무나 달콤해서, 현실의 작은 그림자조차도 보이지 않게 만들었던 것이다. 이제부터라도 정신 똑바로 차려야지.

KEYPOINT

프랜차이즈, 위탁/대리점, 그리고 '유사가맹'의 숨겨진 차이!

1. 프랜차이즈 (가맹점사업자)

'가맹사업거래의 공정화에 관한 법률'(줄여서 가맹사업법) 제2조 제1호에 따르면, "가맹사업"이란 가맹본부가 가맹점사업자로 하여금 자신의 영업표지(상표, 서비스표 등)를 사용하여 일정한 품질 기준이나 영업 방식에 따라 상품 또는 용역을 판매하도록 하고, 가맹점사업자에게 경영 및 영업 활동에 대한 지원 · 교육과 통제를 하며, 그 대가로 가맹금을 받는 계속적인 거래 관계를 말합니다. 쉽게 말해, 본사의 브랜드를 쓰고, 그 노하우를 배우며 장사하는 '진짜 사장님'이죠.

핵심 개념 영업표지 사용, 본사의 통제 하에 노하우 제공 및 운영, 가맹금 지불, 독립된 사업자로서 이익/손실 직접 부담

특 징 가맹사업법의 강력한 보호를 받아 본사의 갑질로부터 점주를 보호하며, 정보공개서 제공 의무, 계약 갱신 요구권, 영업지역 보호 등 중요한 권리들을 가질 수 있음

2. 위탁점

본사가 점포를 소유하고, 점주는 그 운영을 위탁받아 관리하는 형태로, 본사의 '고용된 점장'에 가깝습니다.

핵심 개념 본사 소유 점포, 본사가 정한 위탁 수수료 수익, 본사의 강력한 지시와 통제를 받으며 독립적인 의사결정권이 거의 없음

특 징 가맹사업법의 보호를 받지 못해 본사의 부당 행위에 대한 법적 보호막이 훨씬 얇음

3. 대리점

본사의 상품을 공급받아 판매하거나 본사를 대리하여 계약하는 곳으로, 본사 제품의 판매 채널 역할을 합니다.

핵심 개념 상품 판매 중심, 판매 가격이나 마케팅 등에 본사의 제한을 받으며, 판매 수수료나 마진으로 수익을 얻음

특 징 대리점 역시 가맹사업법의 적용 대상이 아님. 대신 '대리점 거래의 공정화에 관한 법률'(줄여서 대리점법)과 같은 다른 법률의 보호를 받을 수 있지만, 이는 가맹사업법만큼 강력하지 않음

4. 체인점

'체인점'이라는 용어는 사실 법적인 정의가 명확하지 않습니다. 보통은 여러 지점을 가진 사업체들을 포괄적으로 일컫는 말로 쓰이곤 해요. 어떤 때는 프랜차이즈 가맹점을 체인점이라고 부르기도 하고, 어떤 때는 본사가 직접 운영하는 직영점을 체인점이라고 부르기도 합니다. 마치 '옷 가게'라는 큰 개념 안에 브랜드 매장, 편집숍, 보세 옷가게가 다 포함되는 것처럼, '체인점'은 사업 형태를 특정하기보다는 단순히 '여러 지점이 연결된 형태'를 의미하는 경우가 많습니다. '체인점이라고 다 똑같은 체인점이 아니었다!'라는 혼란이 여기서 시작될 수 있습니다.

핵심 개념 광범위한 용어로 법적 보호가 불확실하며, 실제 계약 형태에 따라 법적 지위가 달라짐

특 징 법적 불명확성 때문에 '체인점'이라는 모호한 표현에 현혹되지 않고, 반드시 그 실질적인 계약 내용과 관계를 파악하는 것이 중요함

5. 유사가맹 (사실상 대리점의 변종)

이름은 그럴듯하게 '프랜차이즈'라고 걸어 놓았지만, 실제 계약 내용과 운영 방식을 뜯어보면 가맹사업법의 적용을 교묘하게 회피하려는 의도가 숨어 있는 경우를 말합니다. 본사가 가맹사업법의 까다로운 규제를 피하면서, 점주에게는 '프랜차이즈'라는 달콤한 환상을 심어 주는 거죠. 프랜차이즈 간판을 단 늑대 혹은 겉과 속이 다른 위장술사라고 생각하면 이해가 빠를 겁니다. 법률 지식이 부족하거나, 성공에 눈이 먼 초보 창업가들이 가장 큰 피해를 볼 수 있는 교묘하고 위험한 함정입니다.

핵심 개념 형식상 프랜차이즈이나 실질적으로는 대리점 성격이 강하며, 가맹사업법상 권리(정보공개서, 영업지역 보호 등)를 주장하지 못할 수 있음

TIP!

가맹거래사의 조언

간판의 상호가 똑같다고 프랜차이즈가 아니에요. 계약의 법적 성격을 모르면 '프랜차이즈 사장님'인 줄 알았는데 매장 운영을 맡은 고용된 관리자인 점장이 되거나, 법의 보호를 받지 못하는 '호구'가 될 수 있습니다. 계약 전 반드시 그 실체를 파악해야 합니다.

일반인이 계약서만 보고 이 차이를 구분하기는 어렵습니다. 본사가 우리만 믿으라며 계약을 서두르게 하거나, '정보공개서' 대신 '개설 제안서' 같은 모호한 서류만 제공한다면 '유사가맹'을 의심해봐야 합니다.

또 하나 중요한 것은 계약서의 제목(명칭)이 아닙니다. 가맹사업거래의 공정화에 관한 법률(이하 '가맹사업법')의 보호를 받을 수 있는지 여부는 그 계약의 실질에 따라 결정됩니다.

만약 여러분이 특정 브랜드의 ▲ 동일한 영업표지(상호, 상표, 서비스표 등)를 사용하고, ▲ 그 대가로 본사에 일정한 가맹금을 지급하며, ▲ 본사로부터 경영 지원(영업 방식, 품질 관리, 교육 등)을 받는다면, 비록 계약서의 명칭이 무엇이든 관계없이 이는 가맹사업법의 적용을 받는 '가맹사업'에 해당합니다. 이러한 경우 가맹사업법에 따라 본사는 정보공개서 제공 의무 등 다양한 법적 의무를 부담하게 되며, 가맹점주는 법의 보호를 받을 수 있는 권리를 갖게 됩니다.

따라서 계약서의 제목(명칭)만을 보고 안심하거나 포기하지 마세요. 계약서 내용을 꼼꼼히 확인하고, 계약서에 도장을 찍기 전, 반드시 가맹거래사 등 전문가에게 계약서 검토를 의뢰하여 법적 성격과 숨겨진 독소 조항을 확인하는 것이 내 재산을 지키는 가장 확실한 방법입니다.

1-2 프랜차이즈 vs. 나만의 가게, 이 깊은 고민의 끝은? (프랜차이즈의 장점과 단점)

2023년 4월 5일, 맑음

프랜차이즈의 개념과 그 안에 숨겨진 함정까지 어느 정도 머리에 넣고 나니, 이제 정말 창업이 눈앞에 다가온 것 같았다. 그런데 막상 좋다, 나쁘다 하는 이야기들을 들으니 또다시 마음이 복잡해지더라. 장점이 많다고 해서 무작정 뛰어들 수는 없지 않나? 냉정하게 장점과 단점을 비교해보고, 내가 왜 프랜차이즈를 선택해야만 하는지, 그 이유를 내 스스로에게 납득시켜야 했다. 마치 회사의 중요한 프로젝트를 앞두고 SWOT 분석 자료를 만드는 기분이었다. 이성적으로 판단해야지, 감정에 휩쓸리면 안된다!

사실 창업을 처음 생각했을 때, 내 머릿속에 가장 먼저 떠오른 건 나만의 가게였다. '강씨네 다락방' 같은 간판을 걸고, 내가 직접 로스팅한 원두로 내린 커피를 팔고 싶었다. 가게 내부도 내 취향대로 꾸미고, 플레이리스트도 내가 좋아하는 인디 음악들로 채우고 싶었다. 새벽까지 책을 읽다가 문득 떠오른 아이디어를 다음날 바로 메뉴에 적용해 볼 수도 있고, 손님들과 허심탄회하게 수다 떨며 동네 사랑방처럼 운영하는 모습… 생각만 해도 가슴이 벅찼다. 나만의 색깔과 철학이 담긴 공간을 만들고 싶다는 열망이 가장 컸다. '진정한 나만의 해방구'를 만드는 꿈이었다. 사업에 대한 통제권을 100% 내가 쥐고 싶었다.

그런데 막상 구체적으로 들어가려니, 꿈은 꿈이고 현실은 현실이라는 깨달음이 밀려왔다. '강씨네 다락방'이라는 간판을 달았을 때, 과연 몇 명이나 내 가게의 존재를 알아줄까? 옆집 카페는 벌써부터 줄을 서는데, 나는 신장개업 현수막만 덩그러니 걸려 있을 것 같았다. 원두는 어디서 구해야 최고 품질을 합리적인 가격에 가져올 수 있을까? 수십 가지 원두를 직접 테스팅하고 수급처를 찾아다니는 것도 보통 일이 아닐 것 같았다. 인테리어는? 나는 그림은 좀 그릴 줄 알아도, 건물의 구조를 이해하고 손님 동선을 고려한 설계를 할 줄은 몰랐다. 간판 디자인 하나도 감각이 있어야 하는데, 내가 만들면 아마 동네 슈퍼 같을지도 몰랐지. 메뉴 레시피는 또 어떻고? 벤치마킹만으로 될까? 뭔가 '강점주만의 시그니처'를 만들어야 하는데, 그게 쉬운 일이 아니었다. 성공적인 레시피를 개발하는 건 오랜 연구와 시행착오의 결과라는 걸 뒤늦게 깨달았다.

더 골치 아픈 건, 경영이라는 거대한 산이었다. 손님은 하늘에서 떨어지나? 마케팅은 또 어떻게 해야 할까? 인스타그램에 사진 몇 장 올린다고 사람들이 몰려올 리 만무했다. 광고는 돈이 들고, 홍보는 아이디어가 있어야 하는데, 나는 둘 다 부족했다. 가장 큰 압박감은 바로 혼자라는 사실이었다. 문제가 생겼을 때 누구한테 물어봐야 할지, 답답하고 외로울 것 같았다. 독립 자영업은 정말 무모한 도전처럼 느껴졌다. 낭만을 좇다가 현실의 벽에 부딪혀 무너지는 수많은 창업 실패 사례들이 눈앞에 아른거렸다.

2023년 4월 6일, 구름

마침 주말에 코엑스에서 큰 프랜차이즈 창업박람회가 열린다는 소식을 듣고 한달음에 달려갔다. 입구에 들어서자마자 후끈한 열기와 시끄러운 음악, 각종 음식 냄새가 뒤섞여 정신을 차릴 수 없었다. 삐까뻔쩍한 부스마다 '누구나 월 천만 원 보장!', '소자본 창업의 신화!' 같은 현수막이 나부끼고 있었다. 여기저기서 확성기를 든 사람들이 "사장님! 이쪽으로 오세요! 대박의 기회입니다!" 하고 외쳐댔다. 정말이지 기회의 땅 같기도, 한편으론 개미지옥 같기도 한 묘한 분위기였다.

A 카페 부스는 단연 인기였다. 세련된 인테리어에 잘생기고 예쁜 직원들이 웃으며 시음 커피를 나눠 주고 있었다. 나도 모르게 줄을 서서 상담석에 앉았다. 말끔하게 차려입은 담당자가 열정적으로 설명하기 시작했다.

> **A 카페 담당자:** 강점주님처럼 열정 있는 분이 저희 브랜드를 만나면 시너지가 폭발할 겁니다! 저희가 다 알아서 해드립니다. 점주님은 그냥 매장 운영에만 집중하시면 돼요. 마침 오늘, 이 박람회 현장에서만 특별히 가맹비 5백만 원 할인 프로모션을 진행하고 있습니다! 자리가 몇 개 안 남았는데, 지금 바로 가계약이라도 거시죠!

순간 심장이 쿵쾅거렸다. '5백만 원 할인? 지금 아니면 놓치는 건가?' 하는 조급함이 목구멍까지 차올랐다. 하지만 그때, 가맹거래사님의 목소리가 머릿속에서 울렸다. "충동 계약은 지옥행 특급열차 티켓입니다!" 나는 겨우 이성의 끈을 붙잡고 웃으며 말했다.

> **강점주:** 아, 정말 좋은 조건이네요! 하지만 제 전 재산이 걸린 문제라 조금 더 신중하게 생각해보고 연락드릴게요. 자료만 좀 챙겨갈 수 있을까요?

담당자의 얼굴에 스치는 실망감을 뒤로 하고 부스를 빠져나오는데 다리가 후들거렸다. 하마터면 넘어갈 뻔했다. 박람회장을 나와 벤치에 앉아 곰곰이 생각해 봤다. 내가 프랜차이즈에 끌리는 진짜 이유는 뭘까?

첫째, '검증된 성공 공식'. 나 같은 초보에게 맨땅에 헤딩은 너무 무서운 일이다. 프랜차이즈는 이미 수많은 시행착오를 거쳐 검증된 레시피, 인테리어, 운영 매뉴얼을 제공한다. 이건 실패 확률을 줄여주는 보험이나 다름없었다.

둘째, '브랜드 파워'. 내가 '강점주 카페' 간판을 거는 것보다 'A 카페' 간판을 거는 게 100배는 더 손님을 끌기 쉽다는 건 부정할 수 없는 사실이다. 본사가 쏟아붓는 마케팅 비용의 낙수 효과를 누릴 수 있다는 건 엄청난 이점이다.

셋째, '규모의 경제'. 혼자서는 비싸게 사야 할 원두나 부자재를 본사가 대량으로 구매해 싸게 공급해 준다. 원가 경쟁력에서 이미 앞서 나가는 셈이다.

넷째, '지속적인 지원'. 혼자 끙끙 앓을 필요 없이, 신메뉴 개발, 트렌드 분석, 운영 컨설팅까지 본사라는 든든한 지원군이 있다는 건 심리적으로 큰 안정감을 준다.

물론 단점도 명확하다. 초기 투자 비용이 많이 들고(가맹비, 교육비, 로열티…), 내 맘대로 메뉴 하나 바꿀 수 없는 제한된 자율성도 답답할 수 있다. 무엇보다 본사 리스크라는 시한폭탄을 안고 가야 한다. 본사가 망하거나,

대표가 사회적 물의를 일으키면 나까지 같이 망할 수 있다는 것이다.

하지만 이 모든 단점을 고려해도, 지금의 나에게는 생존이 가장 중요했다. 낭만을 좇다가 현실의 벽에 부딪혀 좌절하는 것보다, 현실적인 시스템의 도움을 받아 안정적으로 시작하는 것이 현명하다고 판단했다. 그래, 나는 프랜차이즈의 단점을 감수하고서라도 그 장점을 취하기로 했다. 실패하지 않을 것 같다는 그 막연하지만 강력한 믿음이 나를 이끌었다.

TIP!

프랜차이즈 창업박람회, 개미지옥이냐 기회의 땅이냐?

프랜차이즈 창업박람회는 정보의 바다인 동시에, 충동 계약을 유발하는 위험 지대입니다. 들뜬 분위기에 휩쓸려 덜컥 계약하는 순간, '호구'가 되는 것은 시간 문제입니다. 철저한 준비와 냉정한 판단만이 살길입니다.

1. '오늘만 특별 할인!'의 유혹: 절대 현장 계약 금물!

본사는 박람회 한정 혜택, 선착순 마감 등의 말로 조급함을 유발하여 충동적인 가계약을 유도합니다. 하지만 일단 계약서에 사인하고 가계약금을 내면, 나중에 변심해도 돌려받기 어렵거나 위약금 분쟁에 휘말릴 수 있습니다.
가맹거래사 조언: 그 어떤 달콤한 제안에도 "신중히 검토 후 연락드리겠습니다"라고 말하는 용기가 필요합니다. 박람회는 정보 수집의 장일 뿐, 계약의 장이 아님을 명심하세요. 진짜 좋은 브랜드는 하루 이틀의 혜택으로 점주를 낚으려 하지 않습니다.

2. 질문 리스트를 준비하라: 나는 호구가 아니다!

준비 없이 가면 본사 담당자의 일방적인 자랑만 듣다 오기 십상입니다. 그들의 장밋빛 전망 뒤에 숨겨진 실제 수익성, 폐점률, 필수 품목 마진율 등 불편한 진실은 절대 먼저 말해주지 않습니다.
가맹거래사 조언: 공정거래위원회에 등록된 정보공개서를 미리 읽어보고 궁금한 점을 리스트로 만들어 가세요. "최근 3년간 폐점률과 그 사유는 무엇인가요?", "필수 구매 품목의 마진율은 어떻게 되나요?", "광고비는 구체적으로 어떻게 집행되고, 점주에게 내역을 공개하나요?" 와 같은 날카로운 질문은 당신이 '만만한 상대'가 아님을 보여주는 강력한 신호입니다.

3. '보여 주는 것'만 믿지 마라: 교차 검증은 필수!

박람회 부스에서 만난 성공한 점주는 본사가 섭외한 인물일 수 있습니다. 그들의 성공담만 믿고 시작했다가, 실제 운영 환경과 수익이 판이하게 달라 분쟁이 발생하는 경우가 많습니다.

가맹거래사 조언: 박람회에서 얻은 정보는 '참고 자료'일 뿐, 진실이 아닐 수 있습니다. 반드시 해당 브랜드의 다른 가맹점을 예고 없이 방문하여 실제 운영 중인 점주들의 솔직한 이야기를 들어보세요. 온라인 커뮤니티의 평판, 공정위 정보공개서 데이터와 교차 확인하는 것이 사기를 피하는 지름길입니다.

4. 모든 약속은 '서면'으로 받아라: 구두 약속은 공허한 메아리!

"이 부분은 저희가 특별히 지원해 드릴게요.", "상권은 저희가 책임지고 보장합니다." 와 같은 구두 약속은 증거가 없으면 권리를 보장 받기 어려울 수 있습니다. 나중에 문제가 생기면 본사는 "그런 약속 한 적 없다."고 오리발을 내밀 것입니다.

가맹거래사 조언: 상담 시 중요하다고 생각되는 모든 약속은 반드시 계약서에 '특약 사항'으로 명시해 달라고 요구해야 합니다. 녹취도 좋은 방법이지만, 가장 확실한 증거는 '서면'입니다. 서면으로 남기기 곤란해하는 약속일수록, 지켜지지 않을 가능성이 높은 빈말입니다.

1-3 내 인생이 걸린 선택, 속 빈 강정은 가라! (프랜차이즈 선택하기)

2023년 4월 7일, 맑음

창업박람회에서 돌아온 후, 내 머릿속은 온통 '어떤 프랜차이즈를 선택해야 할까?' 하는 생각으로 터질 것 같았다. 프랜차이즈의 개념과 장단점까지 파악하고 나니, 이제 진짜 '내게 맞는 옷'을 찾아야 한다는 압박감이 파도처럼 밀려왔다. 이건 그냥 메뉴 고르듯 하는 단순한 선택이 아니었다. 내 퇴직금, 아니 내 남은 인생이 이 선택 하나에 달려 있다고 생각하니 침대에서 발가락 하나 움직이기도 힘들었다. 마치 보물섬 지도를 손에 쥐었지만, 어느 길로 가야 진짜 보물이 있을지 몰라 망설이는 탐험가의 심정이

랄까? '이렇게 많은 브랜드 중에 대체 뭘 골라야 한단 말인가!' 하는 막막함에 한숨만 푹푹 나왔다.

가장 먼저 업종부터 확실히 해야 했다. 단순히 돈이 많이 벌릴 것 같은 아이템을 좇는 건 바보 같은 짓이라는 걸 직감적으로 알았다. 내가 정말 잘할 수 있는 일, 그리고 무엇보다 '지치지 않고 오래 할 수 있는 일'을 찾아야 했다. 돈만 보고 덤볐다가 흥미를 잃으면 그게 더 큰 재앙이 될 수도 있다는 걸, 10년의 직장 생활을 통해 뼈저리게 느꼈으니까. 즐기지 못하면 이 바닥에서 살아남기 힘들다는 말이 괜히 있는 게 아니었다.

나는 평소 카페 가는 걸 즐기고, 향긋한 커피 냄새를 맡는 걸 좋아했다. 분위기 좋은 카페에 앉아 책을 읽거나 사람 구경하는 게 내겐 최고의 힐링이었다. 이런 내 취미와 연결 지어 생각해보니, 역시 카페가 정답이었다. 물론 낭만만으로 사업을 할 수 없다는 건 알지만, 최소한 일이 지겨워서 못 해먹겠다는 생각은 들지 않을 테니 말이다.

업종을 카페로 정하고 나니, 이제 진짜 어려운 숙제가 남았다. 수많은 카페 프랜차이즈 본사 중에서 진짜 좋은 곳을 어떻게 찾아낼까? 창업박람회에서 본 번지르르한 모습만 믿고 계약했다가는 호구되기 십상이라는 걸 깨달았다. 겉모습은 화려해도, 속은 텅 빈 강정일 수 있다는 말을 명심해야 했다. 나는 나만의 〈강점주표 깐깐 체크리스트〉를 만들고, 냉정하게 A 카페를 평가해 보기로 했다.

- 본사는 튼튼한가? (안정성): 본사가 망하면 가맹점도 줄초상이다. 최소 5년 이상, 꾸준히 성장한 곳이어야 한다.
- 같이 먹고사는 곳인가? (상생 정책): 본사만 배불리는 구조는 착취다. 점주 목소리에 귀 기울이는지, 분쟁은 없는지 확인!
- 반짝 유행은 아닌가? (지속 가능성): 대왕 카스테라, 흑당 버블티처럼 반짝하고 사라지는 아이템은 절대 안 된다.
- 내 등골 빼먹는 건 아닌가? (합리적 비용): 가맹비, 로열티가 합리적인지, 투명하게 공개하는지 따져 봐야 한다.

이 기준에 따라 A 카페의 정보공개서를 샅샅이 뒤지기 시작했다. 다행히 A 카페는 10년 넘게 운영되어 왔고, 재무 상태도 나쁘지 않아 보였다. 그런데… 한 가지 마음에 걸리는 부분이 있었다. 인터넷 카페나 익명 게시판에 'A 카페 대표의 갑질 논란'이나 '친인척 배 불리기' 같은 흉흉한 소문이 간간이 보였다. 물론 확인되지 않은 루머일 수도 있지만, 찜찜한 마음을 떨칠 수가 없었다. '에이, 설마… 이렇게 큰 회사가….' 하고 넘기기엔 너무 중요한 문제였다. 또다시 가맹거래사님께 SOS를 쳤다.

강점주: 거래사님, 저 또 궁금한 게 생겼어요! A 카페로 거의 마음 굳혔는데, 인터넷에 대표에 대한 안 좋은 소문이 좀 있더라고요. 그냥 루머라고 생각하고 무시해도 될까요?

가맹거래사: (단호하게) 강점주님, 절대 안 됩니다. 프랜차이즈에서 가장 무서운 리스크 중 하나가 바로 '오너 리스크'입니다. 배가 아무리 튼튼해도 선장이 음주운전을 하거나 선원들을 착취하면 그 배는 결국 침몰하게 되어 있어요. 브랜드 이미지는 대표의 얼굴과 같습니다. 대표의 도덕성 문제나 비리가 터지면, 브랜드 전체 이미지가 나락으로 떨어지고 그 피해는 고스란히 점주님들이 입게 됩니다.

강점주: 헉… 그렇게 심각한 문제였군요. 그럼 어떻게 확인해야 하죠?

가맹거래사: 물론 인터넷 루머를 100% 믿을 순 없지만, '아니 땐 굴뚝에 연기 나랴.'라는 속담도 있죠. 정보공개서에서 최근 임원진의 잦은 교체가 있었는지, 대표와 관련된 소송 기록은 없는지 확인해 보세요. 그리고 가장 확실한 건, 기존 가맹점주님들을 만나서 본사나 대표에 대한 평판을 직접 들어 보는 겁니다. 그분들이야말로 살아있는 정보통이니까요. 본사가 망하면 나도 망한다는 사실, 절대 잊지 마세요.

가맹거래사님의 조언을 듣고 나니 정신이 번쩍 들었다. 나는 단순히 커피 맛 좋고 인테리어 예쁜 카페를 고르는 게 아니었다. 내 운명을 함께할 '사업 파트너'를 고르는 것이었다. 간판 뒤에 숨겨진 본사의 민낯, 특히 대표의 얼굴까지 꼼꼼하게 들여다봐야 한다는 걸 깨달았다. 이제부터는 탐정 강점주가 되어 A 카페의 모든 것을 파헤쳐 볼 시간이다.

TIP!

본부 리스크, '믿는 도끼에 발등 찍히는' 불상사를 막아라!

프랜차이즈는 운명 공동체입니다. 본사라는 모선(母船)에 문제가 생기면, 가맹점이라는 자선(子船)은 함께 침몰할 수밖에 없습니다. 계약 전, 본사가 가진 잠재적 리스크를 반드시 확인해야 합니다.

1. 오너 리스크: 선장 한 명 때문에 배가 가라앉는다!

본사 대표의 횡령, 배임, 성추문, 갑질 등 도덕성 문제는 브랜드 이미지에 직격탄을 날립니다. 이는 곧바로 소비자 불매운동으로 이어져, 아무 잘못 없는 가맹점의 매출 급락을 초래합니다. '나만 잘하면 되지.'라는 생각은 금물입니다.

가맹거래사 조언: 계약 전, 언론 기사나 커뮤니티 검색을 통해 대표의 평판을 반드시 확인하세요. 정보공개서에 기재된 대표의 법 위반 사실(공정거래법, 가맹사업법 등)은 없는지 꼼꼼히 체크해야 합니다. '윗물이 맑아야 아랫물도 맑습니다.'

2. 재정 리스크: '돈 없는 본사는 지원도 없다!'

본사가 재정적으로 부실하면 신메뉴 개발, 마케팅 지원은커녕, 안정적인 물류 공급조차 어려워집니다. 최악의 경우 본사가 부도나면, 가맹점은 하루아침에 간판을 내려야 하는 낙동강 오리알 신세가 될 수 있습니다.

가맹거래사 조언: 공정거래위원회 정보공개서에 첨부된 재무상태표와 손익계산서를 통해 본사의 재무 건전성(부채비율, 영업이익 등)을 반드시 확인하세요. 3년 연속 적자이거나 부채비율이 과도하게 높은 본사는 위험 신호입니다.

3. 불공정 거래 리스크: 파트너인가, 착취 대상인가?

본사가 우월적 지위를 남용하여 과도한 필수 품목 구매를 강제하며 폭리를 취하거나, 일방적으로 계약 조건을 변경하고, 인근에 신규 매장을 내주는 '영업지역 침해' 등은 가맹점의 생존을 위협하는 대표적인 갑질 행위입니다.

가맹거래사 조언: 정보공개서에 공정위 시정조치 이력이나 분쟁 조정 신청 건수가 많은 본사는 일단 의심해야 합니다. 계약 전, 기존 가맹점주들을 만나 본사의 부당 행위가 없는지 현실적인 이야기를 들어 보는 것이 가장 중요합니다.

4. 시스템 부실 리스크: 가맹점만 늘리면 끝?

본사가 단기간에 가맹점 수만 급격히 늘리고, 그에 걸맞은 관리(슈퍼바이저) 및 교육, 물류 시스템을 갖추지 못하는 경우, 가맹점은 약속된 지원을 받지 못하고 방치될 수 있습니다. '문제 생겨도 본사는 전화도 안 받는다.'라는 불만이 터져 나옵니다.

가맹거래사 조언: 본사의 슈퍼바이저 1인당 관리 가맹점 수를 확인하세요. 너무 많다면 실질적인 관리가 어렵다는 증거입니다. 또한, 체계적인 교육 프로그램과 안정적인 물류 시스템을 갖추고 있는지 꼼꼼히 따져봐야 합니다.

1-4 첫 가맹 상담! 떨리지만, 호구는 되지 않으리! (가맹상담)

2023년 4월 9일, 맑음

드디어 A 카페 본사에서 공식 가맹 상담을 받았다. 어젯밤에는 긴장돼서 잠도 제대로 못 잤다. 마치 대학수학능력시험을 앞둔 수험생 같기도, 중요한 프레젠테이션을 앞둔 직장인 같기도 했다. 아니, 그보다 훨씬 더 중요했다. 내 인생 2막이 걸린 문제니까! 약속 시간보다 30분 일찍 도착해 근처 카페에서 미리 준비한 '질문 리스트'를 다시 한번 훑어봤다. '정신 똑바로 차려야 해, 강점주! 저들의 감언이설에 넘어가면 안 돼!' 하고 스스로에게 최면을 걸었다.

삐까뻔쩍한 A 카페 본사 건물에 들어서자마자 '와, 진짜 성공한 회사구나' 하는 생각에 살짝 주눅이 들었다. 세련된 인테리어의 상담실에 앉아 있으니 '내가 진짜 사장님이 되는 건가.' 하는 설렘이 폭풍처럼 밀려왔다. 잠시 후, 말끔한 정장 차림의 가맹 담당자가 환한 미소와 함께 들어왔다.

A 카페 담당자: 강점주 예비 점주님, 만나 뵙게 되어 반갑습니다! 저희 A 카페에 관심을 가져 주셔서 정말 감사합니다. 점주님처럼 열정적이고 스마트한 분이 저희 브랜드를 만나면 시너지가 폭발할 겁니다!

시작부터 폭풍 칭찬이다. 이거 사회생활 10년 차인 내가 모를 줄 알고! 전형적인 '기선 제압'용 멘트다. 나는 속으로 '어디 한번 들어나 보자.'라고 생각하며 차분하게 미소만 지었다. 담당자는 화려한 PPT 자료를 띄우며

A 카페의 성공 신화와 장밋빛 미래에 대해 열변을 토하기 시작했다.

A 카페 담당자: 보시다시피 저희 A 카페는 현재 전국 매장 평균 월 매출이 5천만 원을 상회하고 있으며, 점주님 순수익은 보수적으로 잡아도 월 1천 5백만 원은 충분히 가져가실 수 있습니다. 저희가 제공하는 체계적인 시스템만 잘 따라오시면 누구나 성공할 수 있습니다!

강점주: 팀장님, 말씀 감사합니다. 혹시 그 월평균 매출 5천만 원이라는 게, 상위 10% 매장을 포함한 전체 평균인가요, 아니면 중간값인가요? 그리고 예상 순수익 1천 5백만 원은 세전 기준인지, 모든 비용을 제외한 세후 기준인지 궁금합니다. 또, 최악의 경우 손익분기점을 넘지 못하는 매장도 있을 텐데, 그 비율은 대략 어느 정도 되는지 알 수 있을까요?

내 예상치 못한 날카로운 질문에 담당자의 표정이 순간 굳어지는 게 보였다. 그는 잠시 머뭇거리더니 "아… 그건 아주 예외적인 경우라…."라며 말끝을 흐렸다. 좋아, 첫 라운드는 내 승리다! 이어서 나는 그의 가장 아픈 곳을 찔렀다.

강점주: 그리고 정보공개서를 보니, 본사에서 지정한 업체로부터 반드시 구매해야 하는 '필수품목'이 꽤 많던데요. 혹시 그 품목들의 공급가가 시중가에 비해 어느 정도 수준인지, 본사가 가져가는 유통 마진율은 투명하게 공개가 가능한가요?

A 카페 담당자: 그건 저희 회사의 영업 비밀이라… 하지만 점주님들의 수익을 위해 합리적인 가격으로 공급하고 있습니다.

이 질문에 담당자는 원론적인 답변만 하며 완전히 당황한 기색이 역력했다. 나는 속으로 '역시, 여기가 아킬레스건이었군!' 하고 생각했다. 상담 막바지에 그는 회심의 카드를 꺼냈다.

A 카페 담당자: 점주님, 사실 오늘 점주님을 위해 특별히 잡아 놓은 자리가 있습니다. 지금 가계약이라도 걸어 두시면, 저희가 파격적으로 인테리어 비용 일부를 지원해 드릴 수 있습니다. 이 기회는 오늘이 지나면 사라집니다!

강점주: 정말 좋은 제안이지만, 제 전 재산이 걸린 일이니만큼 며칠 더 신중하게 검토해 보고 연락드리겠습니다. 오늘 귀한 시간 내주셔서 감사합니다.

'오늘만 특별 할인' 수법이 또 나왔다. 나는 가맹거래사님의 조언을 떠올리며 단호하게 말했다. 상담실을 나오는데 다리가 살짝 떨렸지만, 마음만은 뿌듯했다. 호구처럼 끌려다니지 않고, 내 주도 하에 상담을 이끌었다는 성취감이 들었다. 물론 오늘 얻은 정보만으로 섣불리 판단할 순 없다. 그들의 말은 진실일 수도 있지만, 교묘하게 포장된 거짓말일 수도 있으니까. 이제부터는 오늘 얻은 정보를 바탕으로 '팩트 체크'에 들어가야 한다. '초심을 잃지 말고, 끝까지 의심하라!'라는 마음으로, 내 소중한 돈을 걸기 전까지 절대 방심하지 않을 거다.

TIP!

가맹 상담 시 '호구' 안 되는 필살기!

가맹 상담은 정보 교환의 자리가 아니라, 본사의 영업 활동 현장입니다. 그들의 목표는 '계약 체결'이라는 것을 명심하고, 들뜬 마음을 가라앉히고 냉정한 질문을 던져야 합니다.

1. 장밋빛 미래 뒤엔 가시밭길이 숨어있다!

본사는 가장 잘 된 매장의 성공 사례와 최고 매출액을 기준으로 '누구나 대박 난다'는 환상을 심어 줍니다. 하지만 평균 이하의 매출을 기록하거나 적자에 허덕이는 매장의 데이터는 절대 보여 주지 않습니다. 이 말만 믿고 계약했다가 예상 수익에 한참 못 미쳐 분쟁이 발생하는 경우가 부지기수입니다.
가맹거래사 조언: "그 예상 수익의 구체적인 산출 근거를 보여 주십시오.", "최근 1년간 폐업한 매장들의 평균 운영 기간과 폐업 사유는 무엇입니까?" 등 최악의 시나리오에 대해 집요하게 질문하세요. 그들의 답변 태도에서 본사의 정직성을 엿볼 수 있습니다.

2. '오늘만 이 가격!'이라는 말은 99% 거짓말이다!

"박람회 특별 할인", "선착순 혜택" 등 긴급성을 이용해 충동적인 가계약을 유도하는 것은 전형적인 수법입니다. 일단 가계약금을 내면, 나중에 마음이 바뀌어도 "계약 불이행"을 이유로 돌려주지 않거나 과도한 위약금을 요구하며 분쟁의 씨앗이 됩니다.

가맹거래사 조언: "급할수록 돌아가라"는 말이 진리입니다. 아무리 좋은 조건이라도 계약서는 최소 2~3일 이상 시간을 갖고 꼼꼼히 검토해야 합니다. 현장 계약을 강요하는 본사일수록, 무언가 숨기는 것이 있을 가능성이 높습니다.

3. '영업 비밀'이라는 말 뒤에 '폭리'가 숨어있다!

가맹점의 수익성을 좌우하는 핵심 요소 중 하나는 본사로부터 공급받는 '필수 품목'의 가격입니다. 본사가 이를 영업 비밀이라는 핑계로 투명하게 공개하지 않고 시중가보다 비싸게 공급하여 과도한 유통 마진을 챙기는 것은 가장 흔한 갑질 유형입니다.

가맹거래사 조언: 필수 품목 리스트와 공급 가격표를 요구하고, 가능하다면 시중 가격과 비교 분석해야 합니다. "투명하게 공개할 수 없다면 계약할 수 없다."라는 단호한 태도를 보여야 합니다. 이는 가맹점의 수익과 직결되는 매우 중요한 문제입니다.

4. 모든 구두 약속은 '녹음'하고 '서면'으로 남겨라!

상담 시 "이 부분은 저희가 책임지고 지원해 드립니다.", "인테리어는 원하는 대로 수정 가능합니다."와 같은 구두 약속은 증거가 없으면 권리를 보장받기 어렵습니다. 문제가 발생하면 본사는 "그런 약속을 한 적이 없다."라고 발뺌하기 마련입니다.

가맹거래사 조언: 상담 내용은 반드시 상대방의 동의를 구하고 녹음하세요. 또한, 계약에 영향을 미치는 중요한 약속은 모두 계약서에 '특약 사항'으로 명시할 것을 요구해야 합니다.

1-5 내 가게, 어디에 둥지를 틀까? 발품 팔다 다리 부러질 뻔! (입지 및 상권 분석)

2023년 4월 12일, 맑음

가맹 상담까지 마치고 나니, 이제 정말 발등에 불이 떨어진 기분이었다. '어디에 가게를 내지?' 하는 고민이 내 머릿속에 24시간 가득했다. 본사에서 추천해 주는 상권도 몇 군데 있었지만, 상담을 겪고 나니 무작정 믿을 수는 없었다. 내 가게의 성패는 결국 자리 싸움이라는 걸 뼈저리게 깨달았으니까. 목이 좋으면 지나가던 개도 돈을 물어다 준다는 옛말이 괜히 있는 게 아니겠지? 그야말로 황금알을 낳는 거위의 둥지를 찾는 심정이었다.

솔직히 직장 다닐 때는 입지, 상권이런 말들이 나랑은 아무 상관없는 딴 세상 이야기인 줄 알았다. 하지만 내가 직접 사장이 되겠다고 결심하니, 이 단어들이 마치 성공의 주문처럼 들리기 시작했다. '가게의 운명을 좌우하는 보이지 않는 손'이 바로 입지와 상권이라는 걸 깨달았다.

막연하게 좋은 자리를 찾는 게 아니었다. 이걸 분석하는 나름의 과학적인 절차와 방법이 있다는 걸 알았다. 나는 먼저 소상공인시장진흥공단의 상권정보시스템 같은 온라인 플랫폼을 활용해 손품을 팔기 시작했다. 내가 관심 있는 지역의 유동 인구, 경쟁 업체 현황, 업종별 매출 데이터 등을 클릭 몇 번으로 볼 수 있다니, 정말 신세계였다. 마치 내가 엄청난 데이터 분석 전문가가 된 기분이었다.

온라인 분석으로 몇 개의 유망 상권을 추린 뒤, 나는 드디어 발품을 팔러 나섰다. 그런데… 현장은 데이터와 너무나도 달랐다. 온라인상으로는 20~30대 유동 인구가 많다고 나왔던 A 지역은, 막상 가보니 평일 낮에는 텅 비어 있고 주말 저녁에만 잠깐 붐비는 전형적인 유흥 상권이었다. 데이터상으로 경쟁 카페가 적었던 B 지역은, 골목 안쪽에 숨겨진 개인 카페 강자들이 즐비했다. '아, 데이터는 거짓말을 안 하지만, 현실의 모든 것을 보여 주진 않는구나.' 발품 팔다 다리가 부러질 지경이 되니, 좋은 자리를 찾는 게 얼마나 어려운 일인지 온몸으로 느껴졌다. 그러던 중, A 카페 본사에서 연락을 받았다.

A 카페 담당자: 점주님, 드디어 찾았습니다! C동에 S급 점포가 하나 나왔습니다. 저희 시스템으로 분석해 보니 유동 인구 최상급에, 주변에 오피스와 아파트 단지가 혼재해 잠재 고객 구매력도 A+로 나왔습니다. 이 자리 놓치면 평생 후회하십니다. 바로 계약하시죠!

강점주: 네, 팀장님. 좋은 소식 감사해요. 제가 직접 현장 확인해 보고 연락드리겠습니다.

담당자의 흥분된 목소리에 순간 솔깃했지만, 나는 이제 예전의 강점주가 아니었다.

2023년 4월 13일, 맑음

오늘 나는 작정하고 하루 종일 C동 그 점포 앞에서 죽치고 앉아 있었다. 아침, 점심, 저녁 시간대별로 유동 인구를 체크하고, 어떤 사람들이 지나다니는지 관찰했다. 본사 말대로 유동 인구는 꽤 많았다. 하지만 결정적인 문제가 있었다. 사람들은 대부분 버스 정류장과 지하철역으로 향하기 위해 '그냥 스쳐 지나갈 뿐', 그 자리에 머무르지 않았다. 게다가 내가 타겟으로 하는 20, 30대 젊은 층보다는 40, 50대 중장년층이 압도적으로 많았다. 그리고 가장 결정적인 건, 주변 부동산에 들러 알아본 결과 바로 옆 건물에 대형 저가 커피 프랜차이즈가 입점할 예정이라는 충격적인 사실이었다.

나는 곧바로 본사 담당자에게 전화를 걸어 내가 확인한 사실들을 차분하게 이야기했다.

강점주: 팀장님, 제가 C동 점포를 직접 확인해 봤는데요. 유동 인구는 많지만 대부분 그냥 지나치는 사람들이고, 제 타겟 고객층과도 맞지 않는 것 같습니다. 그리고 바로 옆에 경쟁사가 들어온다는 사실은 왜 말씀해 주지 않으셨나요? 본사 상권 분석 시스템에는 이런 정보가 반영되지 않는 건가요?

전화기 너머로 담당자의 당황한 침묵이 흘렀다. 그는 "아, 그 부분은 저희도 미처 파악하지 못한 것 같습니다…."라며 얼버무렸다. 전화를 끊고 나니 화가 나기보다는 오히려 안도감이 들었다. 하마터면 본사의 뻥튀기 데이터만 믿고 내 전 재산을 날릴 뻔했다. 입지 선정은 그 누구도 대신해 줄 수 없는, 오롯이 내 책임이자 권리라는 것을 다시 한번 확인했다. 고생은 됐지만, 내 두 발과 두 눈으로 직접 확인한 정보만이 진짜 진실이라는 뼈 아픈 교훈을 얻은 하루였다.

TIP!

허위/과장 상권 분석, '꿀'인 줄 알았더니 '독'이었다!

입지 선정의 실패는 그 어떤 노력으로도 만회하기 어렵습니다. 본사가 제공하는 상권 분석은 참고 자료일 뿐, 정답이 아닙니다. 본사의 분석을 맹신하는 것은 내 가게의 운명을 남의 손에 맡기는 것과 같습니다.

1. 유동 인구 '숫자'의 함정: 스치는 인연은 돈이 안 된다!

본사는 특정 시간대의 최대 유동 인구 수치만 강조하며 대박 상권이라고 포장합니다. 하지만 유동 인구의 '양'보다 중요한 것은 '질'입니다. 내 가게의 타겟 고객이 아닌 사람들이 그냥 스쳐 지나가기만 하는 곳은 죽은 상권이나 다름없습니다.

가맹거래사 조언: 반드시 평일/주말, 시간대별로 현장에 나가 유동 인구의 특성(성별, 연령대, 동선)을 직접 관찰해야 합니다. 더불어, 소상공인 상권분석시스템, 나이즈비즈맵, 오픈업 등 온라인 플랫폼에서 해당 지역의 실제 유동 인구, 업종별 평균 매출액, 임대 시세 등을 확인하여 본사 데이터와 비교하세요. 온라인 상권 분석 데이터와 현장 상황을 반드시 교차 검증하여 데이터의 허점을 찾아내야 합니다.

2. 미래 가치라는 뜬구름: 개발 호재는 신기루일 수 있다!

"3년 뒤 지하철역이 들어선다.", "대규모 재개발이 예정되어 있다."라는 식의 불확실한 개발 호재를 내세워 높은 권리금과 임대료를 정당화합니다. 하지만 개발 계획은 지연되거나 무산될 수 있으며, 그 리스크는 고스란히 가맹점주가 떠안게 됩니다.

가맹거래사 조언: 개발 호재는 반드시 해당 구청이나 시청의 공식 자료를 통해 직접 확인하고, 실현 가능성과 시기를 냉정하게 판단해야 합니다. '카더라 통신'이나 본사의 말만 믿고 계약하는 것은 도박과 같습니다.

3. 숨겨진 경쟁자의 출현: 주변 상권 변화를 외면한다!

본사는 계약 시점의 경쟁 환경만 보여 주거나, 심지어 입점이 확정된 강력한 경쟁 브랜드의 존재를 의도적으로 숨기기도 합니다. 계약 후 바로 옆에 경쟁사가 들어와 매출이 급락해도 본사는 "예측할 수 없었다."라며 책임을 회피합니다.

가맹거래사 조언: 계약 전, 해당 점포 주변의 부동산 중개업소를 여러 군데 방문하여 주변 상권의 변화나 신규 입점 예정인 경쟁 업체는 없는지 반드시 확인해야 합니다. 모르는 적이 가장 무섭다는 것을 명심하세요.

4. 결국은 '돈' 문제: 본사의 목적은 '개설 수수료'

일부 본사의 상권 분석 목적은 가맹점의 성공이 아니라, '점포 개설' 그 자체에 있습니다. 어떻게든 계약을 성사시켜 인테리어 비용이나 각종 개설 수수료를 챙기는 것이 목표이기 때문에, 객관적인 분석보다는 긍정적인 측면만 부각할 수밖에 없습니다.

가맹거래사 조언: 본사가 특정 입지만을 고집하거나 계약을 서두른다면 일단 의심해 보아야 합니다. 최종적인 입지 선택권은 전적으로 점주에게 있으며, 본사의 추천에 의존하기보다 스스로 확신이 드는 자리를 찾을 때까지 발품을 팔아야 합니다. 그 과정이 힘들더라도, 창업 성공의 가장 중요한 초석을 다지는 일입니다.

02

가맹점주가 되는 길 1: 정보공개서 확인하기

윤가맹 / 여성 / 31세 / ISFJ

윤가맹은 드라마 〈이태원 클라쓰〉의 주인공 박새로이처럼 신념이 뚜렷하고 열정적인 가맹점주다. 제2의 박새로이를 꿈꾸며 3년 동안 직장 생활을 하며 모은 돈과 영혼까지 끌어모아 받은 대출을 합쳐서 〈FRANZZ 맥주〉라는 프랜차이즈를 창업했다. 하지만, 뚜껑을 열어보니 프랜차이즈 본사가 말했던 매출의 반 토막밖에 나오지 않았다. 프랜차이즈 본사가 제공한 허위 과장된 정보를 바탕으로 가맹계약을 체결한 것이다. 심지어, 계약체결 과정에서 반드시 제공받았어야 할 정보공개서는 받지도 못했다. 가맹계약을 체결하기 전에 가맹거래사나 변호사의 조언을 받았더라면 평생 모아온 돈을 날리지는 않았을 텐데….

2-1 정보공개서, 프랜차이즈 본사가 가지고 있는 중요한 정보들

2023년 4월 5일, 비온 뒤 맑음

프랜차이즈 창업 상담받기

인터넷으로 프랜차이즈 창업을 알아보다가 〈FRANZZ 맥주〉의 가맹모집 광고가 눈에 들어왔다. 고매출과 고수익률은 기본이다. 이미 20호점이나 돌파했단다. 선착순 혜택으로 3백만 원짜리 교육비도 면제다. 며칠 전에 창업문의를 신청해서 오늘은 프랜차이즈 본사에 직접 방문했다. 프랜차이즈 본사 대표가 직접 상담해 주는데, 매우 상냥하고 친절했다.

최근 오픈한 곳에서 월 매출이 5천만 원이나 나오고, 다른 곳에서는 4천만 원이나 나온다고 한다. 본점에서는 월 매출이 9천만 원이나 나온다고 한다. 수익률은 30%라고 한다. 요리도 교육 이틀이면 충분할 정도로 간단하고, 라면만 끓일 줄 알던 다른 점주 분들도 다 성공적으로 운영하고 있다고 한다. 창업비용은 7천 3백만 원. 20평으로 창업해도 월 매출은 5~6천만 원은 나올 것이고, 원금 회수는 3~4개월이면 된다고 한다.

신뢰가 갔다. 〈FRANZZ 맥주〉를 창업하면 나도 돈을 많이 벌 수 있을 것 같다. 30호점까지만 교육비를 면제해 준다는데, 벌써 거의 다 가맹계약이 체결되었다고 한다. 놓치면 안 될 것 같은데….

2023년 4월 14일, 맑음

프랜차이즈 가맹계약 체결!

오늘은 프랜차이즈 본사에 다시 방문해서 가맹계약을 체결했다. 본사 사무실에 도착하니까 담당 직원이 계약서를 꺼내서 보여줬다. 그런데 이게 스페인어인지 아랍어인지… 하나도 이해를 못 했다. 이미 점포 임대차 가계약금은 넣어놨고, 가맹계약서는 읽어도 이해 못 하겠고, 자세히 읽어 보고 싶어도 시간도 없고… 그냥 계약서에 도장을 찍었다. 뭐, 별일 없겠지?

2023년 6월 12일, 구름

오픈한 지 한 달, 큰일났다.

오늘은 인테리어를 마치고 개업해서 장사를 시작한 지 한 달째 되는 날이다. 한 달 동안의 매출과 비용을 계산해서 순수익을 계산해 보는 날이다. 그런데, 큰일났다. 프랜차이즈 상담받을 때는 분명히 월 매출이 5~6

천만 원은 나올 거라고 했는데, 실제로 운영해 보니 한 달 매출이 예상하던 금액의 반도 안 나왔다. 월세, 인건비, 재료비, 관리비, 전기 · 가스 · 수도, 로열티에 기타 잡비까지 모두 내고 나니 적자다. 내가 계산을 잘못했나? 상담받았을 때는 분명히 수익률 30%라고 했는데… 이거 어떡하지? 뭔가 크게 잘못됐다.

2023년 11월 19일, 쌀쌀

투자한 돈 전부 날리고 폐업하는데, 위약금?

오늘은 개업한 지 6개월 만에 적자를 버티지 못하고 프랜차이즈 본사에 폐업을 하겠다고 말했다. 그런데… 위약금까지 내라고?! 이렇게 억울할 수가 없다. 투자한 돈 전부와 소중한 시간을 다 날린 건 난데, 위약금까지 내라고 한다. 변호사 상담을 받아보려고 프랜차이즈 전문 변호사 사무실에 법률상담을 신청했다. 근데, 상담받으러 올 때 가맹계약서랑… 정, 정보공개서? 라는 걸 가져오라고 하신다. 그게 뭐지?

정보공개서는 프랜차이즈(가맹사업)에서 가맹본부가 가맹희망자(창업 희망자)에게 제공해야 하는 공식 문서다. 이 문서에는 가맹본부의 사업 현황, 임원 경력, 가맹점사업자의 부담, 영업 조건, 교육 · 훈련, 가맹계약의 해제 · 갱신 등 가맹사업에 관한 주요 사항, 전체 가맹점 및 직영점의 매출, 재무상태 등의 일반현황, 가맹본부 임원의 위법사항, 가맹점주가 되면 부담해야 될 비용들, 가맹점주의 법적 권리 등이 담겨 있다.

가맹본부는 가맹희망자에게 공정거래위원회에 등록된 정보공개서와 더불어 인근가맹점현황문서, 가맹계약서를 사전에 제공하여야 한다. 3개의 서류를 제공한 지 14일이 지나야만 가맹계약을 체결하거나 가맹금을 수령할 수 있다. 반대로 가맹희망자 입장에서는 최소 14일의 숙고기간이 반강제적으로 주어지는 것이다.

KEYPOINT

정보공개서는 이렇게 생겼어요.

[가맹본부의 로고가 있는 경우 로고]

[정보공개서 등록번호]
[정보공개서 최초 등록일]
[정보공개서 최종 등록일]

[가맹본부의 홈페이지 주소 및 대표 이메일 주소]

[가맹희망자가 운영하게 될 영업표지(브랜드명)]

정 보 공 개 서

[가맹본부명]은 「가맹사업거래의 공정화에 관한 법률」 제7조 및
같은 법 시행령 제4조 제1항에 따라 귀하에게 이 정보공개서를 드립니다.

20 . . .

[가맹본부명]

<주 의 사 항>

이 정보공개서는 귀하께서 체결하려는 가맹계약 및 해당 가맹사업에 대한 전반적인 정보를 담고 있으므로 그 내용을 정확하게 파악한 후에 계약체결 여부를 결정하시기 바랍니다.

「가맹사업거래의 공정화에 관한 법률」에 따라 가맹희망자에게는 정보공개서의 내용을 충분히 검토하고 판단할 수 있도록 일정한 기간이 주어집니다. 따라서 이 정보공개서를 제공받은 날부터 14일(변호사나 가맹거래사의 자문을 받은 경우에는 7일)이 지날 때까지는 가맹본부가 귀하로부터 가맹금을 받거나 귀하와 가맹계약을 체결할 수 없습니다.

이 정보공개서는 법령이 정한 기재사항을 담고 있는 것에 불과하며 그 내용의 사실 여부를 공정거래위원회 또는 시·도에서 모두 확인한 것은 아닙니다. 또한, 귀하께서는 어디까지나 가맹계약서의 내용에 따라 가맹사업을 운영하게 되므로 정보공개서의 내용에만 의존하여서는 아니 됩니다.

귀하께서 가맹계약서에 서명하는 순간부터 그 내용에 구속됩니다. 따라서 충분한 시간을 갖고 정보공개서나 가맹계약서의 내용을 검토하시고 기존 가맹점사업자를 방문하여 얻은 정보에 근거하여 가맹본부의 신뢰성을 판단하도록 하십시오.

가맹사업은 법률, 회계, 경영 등 다양한 분야의 지식이 필요한 분야이므로 가맹거래사 등 전문가의 자문을 받는 것을 권장합니다. 귀하가 과거 사업경력이 없는 경우 관련 업종에서 경험을 쌓아 경영 수행 능력을 갖출 필요가 있습니다.

마지막으로 사업 초기에 많은 자금이 소요되므로 귀하의 재정상태를 확실히 점검한 다음 창업에 임하시기 바랍니다.

[가맹본부의 주된 사무소의 소재지]
[가맹본부의 대표전화번호]
[가맹본부의 대표팩스번호]
[가맹사업 담당부서 및 전화번호]

Ⅰ. 가맹본부의 일반 현황

1. 가맹본부의 일반 정보

당사의 일반 정보는 다음과 같습니다.

<table>
<tr><td>상호</td><td colspan="2">영업표지</td><td colspan="5">주 소</td></tr>
<tr><td rowspan="4">(주)공정위</td><td colspan="2">반포삼겹살 외 1개</td><td colspan="5">서울시 서초구 반포로 9999번지</td></tr>
<tr><td colspan="2">법인 설립등기일</td><td>사업자등록일</td><td>대표자</td><td colspan="2">대표전화번호</td><td>대표팩스번호</td></tr>
<tr><td colspan="2">1999.3.15.</td><td>1999.3.17.</td><td>김공정</td><td colspan="2">02-1234-5678</td><td>02-1234-5679</td></tr>
<tr><td>법인등록번호</td><td colspan="2">111111-2222222</td><td colspan="2">사업자등록번호</td><td colspan="2">123-45-67890</td></tr>
</table>

2. 특수관계인*의 일반 정보

당사의 특수관계인 중 최근 3년 동안 가맹사업 경영 경험이 있는 자는 다음과 같습니다.

<table>
<tr><td>관계</td><td>이름/상호</td><td colspan="2">영업표지</td><td colspan="5">주 소</td></tr>
<tr><td rowspan="3">배우자</td><td rowspan="3">이친절
(주)서초건강</td><td colspan="2" rowspan="3">1004건강</td><td colspan="5">서울시 서초구 강남대로 10000번지</td></tr>
<tr><td colspan="2">대표자</td><td colspan="2">대표전화번호</td><td>대표팩스번호</td></tr>
<tr><td colspan="2">백철민</td><td colspan="2">02-2000-9999</td><td>02-2000-8888</td></tr>
<tr><td>관계</td><td>이름/상호</td><td colspan="2">영업표지</td><td colspan="5">주 소</td></tr>
<tr><td rowspan="3">사용인
(임원)</td><td rowspan="3">최거래</td><td colspan="2" rowspan="3">반포삼겹살
외 1개</td><td colspan="5">서울시 서초구 반포로 9999번지</td></tr>
<tr><td colspan="2">대표자</td><td colspan="2">대표전화번호</td><td>대표팩스번호</td></tr>
<tr><td colspan="2">-</td><td colspan="2">02-1234-5678</td><td>02-1234-5679</td></tr>
<tr><td>관계</td><td>이름/상호</td><td colspan="2">영업표지</td><td colspan="5">주 소</td></tr>
<tr><td rowspan="3">사용인
(임원)</td><td rowspan="3">송가맹</td><td colspan="2" rowspan="3">반포삼겹살
외 1개</td><td colspan="5">서울시 서초구 반포로 9999번지</td></tr>
<tr><td colspan="2">대표자</td><td colspan="2">대표전화번호</td><td>대표팩스번호</td></tr>
<tr><td colspan="2">-</td><td colspan="2">02-1234-5678</td><td>02-1234-5679</td></tr>
<tr><td>관계</td><td>이름/상호</td><td colspan="2">영업표지</td><td colspan="5">주 소</td></tr>
<tr><td rowspan="4">계열회사③</td><td rowspan="3">조정원(주)</td><td colspan="2" rowspan="3">잠원우동 외
1개</td><td colspan="5">서울시 서초구 잠원로 1234번지</td></tr>
<tr><td colspan="2">대표자</td><td colspan="2">대표전화번호</td><td>대표팩스번호</td></tr>
<tr><td colspan="2">박조정</td><td colspan="2">02-9876-5432</td><td>02-9876-5431</td></tr>
<tr><td colspan="2">법인등록번호</td><td colspan="2">333333-4444444</td><td colspan="2">사업자등록번호</td><td colspan="2">987-65-43210</td></tr>
<tr><td rowspan="4">계열회사⑤</td><td rowspan="3">나도해(주)</td><td colspan="2" rowspan="3">삼겹구어 외
1개</td><td colspan="5">서울시 서초구 반포로 7777번지</td></tr>
<tr><td colspan="2">대표자</td><td colspan="2">대표전화번호</td><td>대표팩스번호</td></tr>
<tr><td colspan="2">박협회</td><td colspan="2">02-1234-3333</td><td>02-1234-3334</td></tr>
<tr><td colspan="2">법인등록번호</td><td colspan="2">777787-666666</td><td colspan="2">사업자등록번호</td><td colspan="2">123-45-67890</td></tr>
<tr><td>. . . .</td><td colspan="2"></td><td colspan="2"></td><td colspan="2"></td><td colspan="2"></td></tr>
</table>

5. 바로 전 3개 사업연도의 재무상태표 및 손익계산서

1) 당사의 바로 전 3년 동안의 재무상황 요약은 다음과 같습니다.

(단위: 천원, 부가세 미포함)

연도	자산총계	부채총계	자본총계	매출액	영업이익	당기순이익
2016년						
2017년						
2018년						

[당사는 [ ]년[ ]월 개인사업자[법인사업자]에서 법인사업자[개인사업자]로 전환하였습니다. 따라서, 0000년도 이전은 법인사업자[개인사업자]로 전환하기 전 개인사업자[법인사업자]로서의 가맹본부 매출액이며, 0000년 이후에는 현재 법인사업자[개인사업자]의 매출액임을 알려드립니다.]

2) 당사의 바로 전 3년 동안의 가맹사업 관련 매출액은 다음과 같습니다.

당사의 가맹사업 관련 매출액

(단위: 천원, 부가세 미포함)

영업표지	연도	가맹사업 관련 매출액		
		매출액	상한	하한
반포삼겹살	2016년			
	2017년			
	2018년			
과천보쌈	2016년			
	2017년			
	2018년			
· · · ·				

4. 바로 전 3년간 사업연도 말 영업 중인 [반포삼겹살] 가맹점 및 직영점의 총 수

(단위: 개)

지역	2016.12.31.			2017.12.31.			2018.12.31.		
	전체	가맹점수	직영점수	전체	가맹점수	직영점수	전체	가맹점수	직영점수
전체	54	50	4	58	55	3	68	64	4
서울	44	40	4	40	37	3	49	45	4
부산	-	-	-	-	-	-	-	-	-
대구	-	-	-	-	-	-	-	-	-
인천	-	-	-	-	-	-	-	-	-
광주	-	-	-	-	-	-	1	1	-
대전	-	-	-	2	2	-	2	2	
울산	-	-	-	-	-	-	-	-	-
세종	-	-	-	-	-	-	-	-	-
경기	10	10	-	16	16	-	16	16	-
강원	-	-	-	-	-	-	-	-	-
충북	-	-	-	-	-	-	-	-	-
충남	-	-	-	-	-	-	-	-	-
전북	-	-	-	-	-	-	-	-	-
전남	-	-	-	-	-	-	-	-	-
경북	-	-	-	-	-	-	-	-	-
경남	-	-	-	-	-	-	-	-	-
제주	-	-	-	-	-	-	-	-	-

5. 바로 전 3년간 [반포삼겹살] 가맹점 수

(단위: 개)

연도	연초	신규 개점	계약 종료	계약 해지	명의 변경	연말
2016	41	11	1	1	2	50
2017	50	12	5	2	-	55
2018	55	10	1	-	1	64

[반포삼겹살] 가맹점의 자세한 내역은 별지를 확인하십시오.

7. 바로 전 사업연도 가맹점사업자의 연간 평균 매출액(직영점 매출은 제외)과 그 산정기준

[반포삼겹살] 가맹점사업자 한 명이 2018년에 올린 연간 평균 매출액 및 지역별 매출액은 아래와 같을 것으로 추정됩니다. 보다 정확한 금액은 매출액 표의 상한과 하한 금액 사이에 있을 것으로 판단됩니다.

(단위 : 천원, 부가세 미포함)

지역	2018년 말 가맹점수	2018년 가맹점사업자의 연간 평균 매출액						비고
		연간 평균 매출액		연간 평균 매출액(상한)		연간 평균 매출액(하한)		
		연간 평균 매출액	면적 $3.3m^2$당	상한	면적 $3.3m^2$당	하한	면적 $3.3m^2$당	
전체	64	92,000	6,133	125,300	8,353	52,300	3,487	
서울	45	99,000	6,600	125,300	8,353	72,700	4,847	
부산	-	해당없음						
대구	-	해당없음						
인천	-	해당없음						
광주	1	해당없음						5곳 미만
대전	2	해당없음						5곳 미만
울산	-	해당없음						
세종	-	해당없음						
경기	16	87,600	5,840	121,100	8,073	54,100	3,607	
강원	-	해당없음						
충북	-	해당없음						
충남	-	해당없음						
전북	-	해당없음						
전남	-	해당없음						
경북	-	해당없음						
경남	-	해당없음						
제주	-	해당없음						

Ⅳ. 가맹점사업자의 부담

1. 영업개시 이전의 부담

귀하가 [반포삼겹살] 가맹사업을 시작하기 위해서는 아래와 같은 금액이 소요됩니다. 이 금액에는 귀하가 지불하여야 하는 [점포의 임대비용 등]*이 제외되어 있습니다. 또한, 귀하가 운영하게 될 점포의 위치 및 규모, 내부 설비의 종류, 영업 시작까지 걸리는 시간 등이 상이하므로 실제 지불하는 금액과는 차이가 있을 수 있습니다.

귀하가 부담하여야 할 대가는 매우 다양하나 크게 다음의 세 가지로 구분할 수 있습니다.

구분	지급 대상	예치 대상 여부	비고
최초 가맹금	가맹본부	예치	확정 금액
보증금	가맹본부	예치	확정 금액
기타 비용	가맹본부 또는 다른 업체	예치하지 않음	추정 금액

1) 최초 가맹금을 자세히 나누면 다음 표의 내용과 같습니다.

(단위: 천원, 부가세 포함)

구분	금액	지급 기한	반환조건	반환될 수 없는 사유	비고
총계	[4,950]				
가입비	3,300	계약 체결 후 20일 이내	영업 개시 이전까지 계약 해지	가맹점 모집을 위해 소요된 실제비용	반환시 당사에서 정한 기준의 위약금을 공제 (계약금을 별도로 지급하는 경우, 사후 가입비로 전환)
교육비	1,100	교육 시작 7일 이전	교육 시작 1일 이전에 계약 해지		교육이 시작되면 반환되지 않음
개점행사비	550	계약 체결 후 20일 이내	영업개시 이전까지 계약 해지	영업개시 행사를 위한 소요된 실제비용	반환시 당사에서 정한 기준의 위약금을 공제
. . . .					

정보공개서 제도는 프랜차이즈에서 발생할 수 있는 정보 비대칭 문제와 불공정 거래를 예방하기 위해 도입되었다. 2002년에 시행되었고, 세계 여러 나라에서도 시행 중이다. 가맹희망자는 프랜차이즈 본사에 비해 사업 운영에 필요한 정보와 경험, 노하우가 부족하다. 본사가 제공하는 정보에 크게 의존할 수밖에 없다. 만약 프랜차이즈 본사가 중요한 정보를 숨기거나, 허위 또는 과장된 정보를 제공하거나, 불완전한 정보를 제공하면 가맹점주는 큰 경제적 피해를 입을 수 있다. 정보공개서를 통해 가맹점주는 사업의 위험과 수익 구조 등을 분석하고, 충분한 정보를 바탕으로 합리적인 투자 결정을 내려야 한다.

정보공개서에는 가맹본부가 알리고 싶지 않은 정보까지 들어가 있다. 그래서 가맹본부는 정보공개서를 제공하고 싶지 않아 한다. 가맹점주를 보호하기 위해 만든 법인 가맹사업법의 존재 자체도 잘 모르는 가맹점주가 법적 권리를 알게 하고 싶진 않을 것이다. 하루라도 빨리, 하나의 가맹점이라도 더 개설해야 수익이 나는데 14일은 너무 길다. 정보공개서 안에 가맹본부에 대한 안 좋은 내용이 있어서, 이를 본 가맹희망자가 계약을 체결하지 않겠다고 할 수도 있다. 그렇게 되면 가맹본부의 수익이 없어진다. 위와 같은 이유로 정보공개서를 아예 제공하지 않거나, 제공하더라도 그 제공일을 소급, 조작하여 기재하는 일은 비일비재하다.

KEYPOINT

한국공정거래조정원이 발표한 2024년 분쟁조정 현황 발표에 따르면, 총 584건의 가맹사업 분야 분쟁조정 접수 건 중 99건(16%)이 정보공개서 사전제공 의무위반이 이유입니다. 중요한 건 분쟁조정이 접수된 584건 중에서만 그렇다는 것이고 실제로 분쟁조정 제도를 모르고 신청하지 못하거나, 분쟁조정을 신청해도 별다른 실익이 없어 신청하지 않은 건들, 분쟁조정 신청 없이 곧바로 공정거래위원회 신고를 한 사례까지 고려하면 그 숫자는 훨씬 많을 것입니다.

언젠가 나도 피해자가 될 수 있다는 사실을 명심해야 합니다. 프랜차이즈 계약을 체결하기 전에는 반드시 정보공개서를 받고, 가맹계약서와 인근가맹점현황 문서도 미리 받아야 합니다. 제공받은 서류들을 읽어보고 적어도 14일 이상은 가맹계약을 체결할지 말지 심사숙고하고, 가급적 가맹거래사나 변호사의 자문을 받고 가맹계약 체결여부를 결정하는 게 좋습니다.

3 신청이유별 접수 현황

(단위: 건, %)

구분		2024년	
분야	신청이유	접수건수	비중
공정	계	1,795	100
	거래상 지위의 남용	1,334	74
	거래거절	109	6
	사업활동방해	47	3
	거래강제	23	1
	부당한 고객유인	35	2
	차별적 취급	32	2
	구속조건부거래	2	0
	기타	213	12
가맹	계	584	100
	부당한 손해배상의무 부담	143	24
	불공정거래행위	99	17
	정보공개서 사전제공 의무 위반	91	16
	허위·과장 정보제공 금지의무 위반	75	13
	부당한 계약 종료/해지	40	7
	영업지역 침해	20	3
	가맹금 예치의무 위반	22	4
	기타	94	16
하도급	계	1,105	100
	하도급대금 미지급	746	68
	부당한 하도급대금 결정	75	7
	부당한 위탁취소	45	4
	설계변경 등에 따른 하도급대금 조정의무 위반	69	6
	부당감액	41	4
	서면 발급 및 서류 보존의무 위반	30	3
	발주자의 하도급대금 직접지급의무 위반	23	2
	공급원가 등 변동에 따른 하도급대금 조정의무 위반	18	1
	기타	58	5

유통	계	29	100
	경제적 이익 제공 요구	6	21
	상품대금 미지급	4	14
	기타	19	65
약관	계	457	100
	과도한 손해배상액의 예정	221	48
	사업자의 부당한 계약 해제 · 해지권 제한	120	26
	신의성실의 원칙 위반	21	5
	고객의 권익 보호 관련 불공정약관	16	4
	기타	79	17
대리점	계	71	100
	불이익제공	53	75
	구입강제	5	7
	판매목표 강제	2	3
	경영간섭	2	3
	기타	9	12

KEYPOINT

법원은 정보공개서 제공의무 규정은 양 당사자의 합의로도 배제할 수 없는 '강행규정'으로 보고 있어요. 강행규정은 당사자의 의사 여하에도 불구하고 강제적으로 적용되는 법을 말해요. 즉, 프랜차이즈 본사와 가맹점주가 정보공개서를 제공하지 않고 가맹계약을 체결하기로 '합의'했다는 사실이 있더라도 가맹사업법 위반이라는 말이에요.

가맹사업거래의 공정화에 관한 법률

제7조(정보공개서의 제공의무 등)

① 가맹본부(가맹지역본부 또는 가맹중개인이 가맹점사업자를 모집하는 경우를 포함한다. 이하 같다)는 가맹희망자에게 제6조의2제1항 및 제2항에 따라 등록 또는 변경등록한 정보공개서를 내용증명우편 등 제공시점을 객관적으로 확인할 수 있는 대통령령으로 정하는 방법에 따라 제공하여야 한다.

③ 가맹본부는 등록된 정보공개서 및 인근가맹점 현황문서(이하 "정보공개서등"이라 한다)를 제1항의 방법에 따라 제공하지 아니하였거나 정보공개서등을 제공한 날부터 14일(가맹희망자가 정보공개서에 대하여 변호사 또는 제27조에 따른 가맹거래사의 자문을 받은 경우에는 7일로 한다)이 지나지 아니한 경우에는 다음 각 호의 어느 하나에 해당하는 행위를 하여서는 아니 된다.

1. 가맹희망자로부터 가맹금을 수령하는 행위. 이 경우 가맹희망자가 예치기관에 예치가맹금을 예치하는 때에는 최초로 예치한 날(프랜차이즈 본사가 가맹희망자와 최초로 가맹금을 예치하기로 합의한 때에는 그 날)에 가맹금을 수령한 것으로 본다.
2. 가맹희망자와 가맹계약을 체결하는 행위

서울고등법원 2021. 2. 5. 선고 20202020812, 2020829 판결

가맹사업의 공정한 거래질서를 확립하고 프랜차이즈 본사와 가맹점사업자가 대등한 지위에서 상호보완적으로 균형 있게 발전할 수 있도록 하기 위하여 프랜차이즈 본사와 가맹점사업자가 준수하여야 할 기본적인 사항을 규정하고 가맹사업과 관련된 불공정거래행위를 금지하려는 가맹사업법의 입법취지와 가맹사업법 제7조의 규정 등을 종합하면, 가맹사업법 제7조 제3항은 프랜차이즈 본사와 가맹점사업자의 합의에 의하여 그 적용을 배제할 수 없는 강행규정으로 규정이라 봄이 타당하다.

TIP!

정보공개서와 인근가맹점현황문서를 제공받지 못하거나, 제공받은 지 14일이 지나지 않고 가맹계약을 체결하거나 가맹금을 수령해 간 경우, 가맹점주는 계약 체결일로부터 4개월 이내에 가맹금 반환청구를 할 수 있어요.

가맹사업거래의 공정화에 관한 법률

제10조(가맹금의 반환)

① 가맹본부는 다음 각 호의 어느 하나에 해당하는 경우에는 가맹희망자나 가맹점사업자가 대통령령으로 정하는 사항이 적힌 서면으로 요구하는 날부터 1개월 이내에 가맹금을 반환하여야 한다.

1. 가맹본부가 제7조제3항을 위반한 경우로서 가맹희망자 또는 가맹점사업자가 가맹계약 체결 전 또는 가맹계약의 체결일부터 4개월 이내에 가맹금의 반환을 요구하는 경우

2-2 정보공개서 필수 체크 항목은?: 기울어진 운동장을 평평하게 만들기

KEYPOINT

가맹사업법에서 규정하고 있는 정보공개서 기재사항은 아래와 같습니다.

가맹사업거래의 공정화에 관한 법률

제2조(정의) 이 법에서 사용하는 용어의 정의는 다음과 같다.

10. "정보공개서"란 다음 각 목에 관하여 대통령령으로 정하는 사항을 수록한 문서를 말한다.
    가. 가맹본부의 일반 현황
    나. 가맹본부의 가맹사업 현황(가맹점사업자의 매출에 관한 사항을 포함한다)
    다. 가맹본부와 그 임원(「독점규제 및 공정거래에 관한 법률」 제2조제6호에 따른 임원을 말한다. 이하 같다)이 다음의 어느 하나에 해당하는 경우에는 해당 사실
        1) 이 법, 「독점규제 및 공정거래에 관한 법률」 또는 「약관의 규제에 관한 법률」을 위반한 경우
        2) 사기 · 횡령 · 배임 등 타인의 재산을 영득하거나 편취하는 죄에 관련된 민사소송에서 패소의 확정판결을 받았거나 민사상 화해를 한 경우
        3) 사기 · 횡령 · 배임 등 타인의 재산을 영득하거나 편취하는 죄를 범하여 형을 선고받은 경우
    라. 가맹점사업자의 부담
    마. 영업활동에 관한 조건과 제한
    바. 가맹사업의 영업 개시에 관한 상세한 절차와 소요기간
    사. 가맹본부의 경영 및 영업활동 등에 대한 지원과 교육 · 훈련에 대한 설명
    아. 가맹본부의 직영점(가맹본부의 책임과 계산 하에 직접 운영하는 점포를 말한다. 이하 같다) 현황(직영점의 운영기간 및 매출에 관한 사항을 포함한다)

정보공개서에 기재되는 내용들은 모두 중요하니 꼼꼼히 읽어봐야 한다. 단, 그중에서도 특히 중요하게 확인해야 할 정보공개서 기재사항들은

다음과 같다.

가맹점의 평균 매출액

프랜차이즈의 브랜드파워를 가늠하는 데 있어 제일 중요한 정보는 매출액이다. 정보공개서에는 전체 가맹점의 평균 매출액이 기재되어 있다. 이를 바탕으로 매출원가, 월세, 인건비 등을 고려하여 사업성을 검토하여야 한다.

다만, 매출액과 순수익은 다르다. 그래서 업종도 반드시 고려해야 한다. 고깃집과 같이 1차 식당이며 객단가가 높은 업종은 평균적으로 매출액이 높다. 이러한 고깃집의 특징은 점포가 크고, 입지가 좋은 곳이라 월세가 비싸다는 것이다. 심지어 무한리필 고깃집이면 최소 평수가 50평이고 소비자들은 많으니 매출액 자체는 높을 수밖에 없다. 하지만 그만큼 인건비도 많이 든다. 매출액은 확인하되 순수익은 다른 개념이라는 것을 반드시 명심해야 한다. 가맹본부는 가맹점주 점포의 순수익(또는 영업이익)을 정확하게 알 수는 없다. 그저 추정하고 있는 수익률에 대한 정보를 주는 경우가 대부분이며, 허위 또는 과장하여 제공하는 경우도 많다. 가맹본부가 설명하는 수익률(또는 영업이익률)은 믿어서는 안 된다.

차액가맹금과 판매장려금

차액가맹금과 판매장려금은 가맹점주가 가맹점을 운영할 때 필요한 상품이나 원재료 등을 가맹본부나 가맹본부가 지정한 거래처에서 구매하거나 대여하도록 강제 또는 권장하며, 이 과정에서 가맹본부가 얻는 수익을 말한다. 예를 들어 치킨 가맹본부는 점주들에게 닭이나 소스 등을 판매하며 차액가맹금 또는 판매장려금을 수령한다.

가맹본부에게는 신규 가맹점을 모집, 개설하는 것이 주된 수익원 중 하나다. 하지만 '눈에 보이는' 비용이 있으면 신규 가맹점 개설 영업에 불리하다. 그래서 가맹비 면제, 교육비 면제, 로열티 면제를 하며 가맹모집을 한다. 대신, 계약이 체결된 가맹점주에게 판매하는 공급품목에 가맹금을 녹여 수익을 얻는 것이다. 세상에 공짜는 없다.

차액가맹금과 판매장려금은 대체로 가맹점주의 영업기간과 매출에 비례한다. 월매출이 3천만 원이 나오는 프랜차이즈의 차액가맹금 비율이 5%라면, 매월 150만 원의 비용이 추가로 발생한다는 것이다. 통상 최초 가맹계약 기간은 2년이다. 2년 동안 3천 6백만 원의 비용이 발생했다. 이는 면제받았던 가맹비, 교육비보다 훨씬 비싼 비용일 수 있다. 차액가맹금과 판매장려금은 가맹점주의 수익에 직결되는 중요한 정보이므로, 반드시 확인해야 한다.

임원의 위법사항

프랜차이즈 계약은 오랜 시간동안 함께 할 프랜차이즈 본사를 결정하는 일이다. 짧게는 1년, 길게는 10년 이상도 함께 해야 한다. 이따금씩 기업의 임원이 사회적으로 물의를 일으키거나, 가맹본부 임직원의 갑질 등이 보도된다. 이를 이유로 가맹점 매출에 치명적인 불매운동이 발생하기도 한다. 가맹본부 갑질의 피해자가 내가 될 수도 있다는 사실을 명심해야 한다. 정보공개서에 가맹본부 임원의 위법행위가 있었다는 사실이 기재되어 있는 경우, 그 이유를 잘 읽어봐야 한다.

TIP!

정보공개서를 읽어도 이해가 안 되시나요? 이 책의 저자들에게 자문을 요청하세요. 수천만 원, 수억이 드는 프랜차이즈 창업을 위한 최소한의 안전장치를 마련해줄 거예요. 희망할 경우 14일의 숙고기간도 7일로 단축할 수 있어요.

제7조(정보공개서의 제공의무 등)

③ 가맹본부는 등록된 정보공개서 및 인근가맹점 현황문서(이하 "정보공개서등"이라 한다)를 제1항의 방법에 따라 제공하지 아니하였거나 정보공개서등을 제공한 날부터 14일(가맹희망자가 정보공개서에 대하여 변호사 또는 제27조에 따른 가맹거래사의 자문을 받은 경우에는 7일로 한다)이 지나지 아니한 경우에는 다음 각 호의 어느 하나에 해당하는 행위를 하여서는 아니 된다.

2-3 예상매출 믿었는데, 현실은 반토막? 허위·과장 정보 피하는 법 (허위·과장된 정보제공 행위)

돈을 벌려고 프랜차이즈 창업을 한다. 공정거래위원회에 등록된 1만 2천여 개의 프랜차이즈 브랜드 중 하나를 선택하는 데 제일 중요한 정보 중 하나는 매출액, 순수익률 등의 수익상황에 관련된 정보다. 그래서 가맹사업법에서는 계약체결 여부에 중요한 정보를 사실과 다르게, 사실을 부풀리거나, 또는 기만적으로 제공하면 안 된다고 규정하고 있다. 수익상황 정보를 제공할 경우 구두로 하면 안 되고 서면으로 제공해야 한다고 규정하고 있다. 일정한 조건에 해당하는 가맹본부는 '예상매출액 산정서'를 의무적으로 제공하여야 한다.

허위 · 과장된 정보제공 금지 규정을 위반한 가맹본부는 심한 경우 형사처벌까지 받을 수 있다. 그 형량도 가맹사업법에서 가장 높게 규정되어 있고, 징벌적 손해배상의 대상이기도 하다. 하지만, 가맹본부 영업사원들의 화려한 말발은 언제나 가맹사업법을 앞서간다. 따라서, 가맹희망자는 프랜차이즈 본사의 말만 믿어서는 안 되며, 제공받는 정보가 객관적인 정보인지 확인해야 한다. 계약체결 모든 과정에서 주고받은 정보들에 대하여 증거를 남겨두어야 한다.

허위 · 과장된 정보제공 등의 금지에 대한 위법 여부를 판단하는 데 필요한 증거의 정보제공 방식에 있어서는 제한이 없다. 대신 서면 자료가 주된 증거가 된다. 프랜차이즈 본사 담당자의 구두 설명 내용에 대한 증언, 녹음 등도 증거로 사용된다. 녹음, 카카오톡이나 문자 메시지도 서면만큼 중요하다. 홈페이지, 유튜브 등에 나타난 자료도 증거가 되기는 하는데, 그것만 독자적으로 증거가 된다고 보기는 어렵다. 가맹본부 담당자가 특정 자료를 보라고 해서 봤다거나, 그 내용이 담당자 설명과 일치한다는 정도로는 입증이 되어야 한다.

KEYPOINT

가맹사업거래의 공정화에 관한 법률

제9조(허위 · 과장된 정보제공 등의 금지)

① 가맹본부는 가맹희망자나 가맹점사업자에게 정보를 제공함에 있어서 다음 각 호의 행위를 하여서는 아니 된다.

1. 사실과 다르게 정보를 제공하거나 사실을 부풀려 정보를 제공하는 행위
2. 계약의 체결 · 유지에 중대한 영향을 미치는 사실을 은폐하거나 축소하는 방법으로 정보를 제공하는 행위

③ 가맹본부는 가맹희망자나 가맹점사업자에게 다음 각 호의 어느 하나에 해당하는 정보를 제공하는 경우에는 서면으로 하여야 한다.

1. 가맹희망자의 예상매출액 · 수익 · 매출총이익 · 순이익 등 장래의 예상수익상황에 관한 정보
2. 가맹점사업자의 매출액 · 수익 · 매출총이익 · 순이익 등 과거의 수익상황이나 장래의 예상수익상황에 관한 정보

④ 가맹본부는 제3항에 따라 정보를 제공하는 경우에는 그 정보의 산출근거가 되는 자료로서 대통령령으로 정하는 자료를 가맹본부의 사무소에 비치하여야 하며, 영업시간 중에 언제든지 가맹희망자나 가맹점사업자의 요구가 있는 경우 그 자료를 열람할 수 있도록 하여야 한다.

제41조(벌칙)

① 제9조제1항의 규정에 위반하여 허위 · 과장의 정보제공행위나 기만적인 정보제공행위를 한 자는 5년 이하의 징역 또는 3억원 이하의 벌금에 처한다.

허위·과장된 정보인지 아닌지 판단하는 기준

가맹사업법 제9조 제1항 제1호에서 금지하는 허위 · 과장 정보의 해당 여부는 매출액 등의 '보장'과는 무관하고, 제공 정보의 객관적 근거의 존부에 따라 판단한다. 그래서 가맹희망자를 기만하거나 오인시킬 우려가 있는지 여부는 '보통의 주의력을 가진 가맹희망자가 해당 행위로부터 받아들이는 전체적 · 궁극적 인상을 기준으로 객관적으로 판단' 한다.

KEYPOINT

서울고등법원 2021. 11. 11. 선고 2021나2009911 판결., 대법원2022. 5. 26 선고 2021다300791 판결

매출을 보장한 사실이 없다는 주장에 대해 "피고가 최저수익을 보장하는 것처럼 설명한 것은 아니라고 할지라도, 피고는 별다른 객관적인 근거도 없이 매출이 높은 매장을 언급하며 원고들에게 높은 매출을 올릴 수 있다고 강조하기도 하였다."

서울중앙지방법원 2022가단5375702(본소), 2024가단5026943(반소)

이윤이나 성공가능성을 보장하지는 않았다고 하더라도 객관적 · 합리적인 근거에 기초하여 산정되지 않은 수익률 등을 원고에게 제공한 이상 위와 같은 사정은 가맹사업법 제9조제1항 위반을 인정하는 데 방해가 되지 않는다.

서울중앙지방법원 2024가단5138433 판결

최다 월 매출액을 기준으로 가맹점의 매출에 관한 정보를 산정하여 원고들에게 제공하였다는 것인데, 이는 그 자체로 객관적인 근거 없이 수익상황이 좋은 특정 점포 또는 특정 시기를 기준으로 예상매출액 등을 산정하여 제공하는 행위에 해당하고, 보통의 주의력을 가진 가맹희망자는 그 정보가 각 매장의 특성에 따라서 편차가 생길 수 있을 뿐 모든 가맹점들이 보편적으로 달성 가능한 매출액인 것처럼 오인할 우려가 있다.

손해배상 청구와 손해의 범위

프랜차이즈 본사가 허위 · 과장된 정보 제공하여 가맹계약을 체결했고, 이로 인해 가맹점주가 손해를 입었다면 가맹점주는 프랜차이즈 본사를 상대로 손해배상을 청구할 수 있다. 이때 손해배상을 청구하고 인정받을 수 있는 범위는 개설비용과 영업손실이다.

손해배상으로 인정되려면 위법행위와 손해와 인과관계가 있어야 한다. 허위 · 과장 정보제공 위법행위가 없었더라면 가맹점주는 가맹계약을 체결하지 않았을 것이고, 계약을 체결하지 않았더라면 개설비용이 발생하지 않아 손해도 발생하지 않았을 것이다. 이런 이유로 개설비용이 인과관계가 있는 손해배상의 범위다. 그리고 2022년, M액세서리 가맹점주들과 프랜차이즈 본사와의 상고심에서 영업손실까지도 인과관계가 있는 손해로 판단했다.

KEYPOINT

제393조(손해배상의 범위)

① 채무불이행으로 인한 손해배상은 통상의 손해를 그 한도로 한다.

② 특별한 사정으로 인한 손해는 채무자가 그 사정을 알았거나 알 수 있었을 때에 한하여 배상의 책임이 있다.

대법원 2022. 5. 26.선고 2021다300791 판결

불법행위로 인한 손해배상책임을 지우려면 위법한 행위와 원고가 입은 손해 사이에 상당인과관계가 있어야 하고, 상당인과관계의 유무는 결과 발생의 개연성, 위법행위의 태양 및 피침해이익의 성질 등을 종합적으로 고려하여 판단하여야 한다. 한편 민법 제763조에 따라 불법행위로 인한 손해배상에 준용되는 민법 제393조 제1항은 "채무불이행으로 인한 손해배상은 통상의 손해를 그 한도로 한다."라고 규정하고, 제2항은 "특별한 사정으로 인한 손해는 채무자가 이를 알았거나 알 수 있었을 때에 한하여 배상의 책임이 있다."라고 규정하고 있다.

갑 등이 을 주식회사와 가맹계약을 체결한 후 가맹점운영권을 부여받아 점포를 운영하였는데, 가맹계약을 체결하는 과정에서 예상매출액 범위 최저액을 과다 산정함으로써 마치 안정적 사업운영이 가능한 것처럼 보이는 '예상매출액 산정서'를 제공한 행위는 허위 · 과장의 정보제공행위로서 가맹사업법의 규정을 위반한 위법행위에 해당하고, 이로 인하여 잘못된 정보를 바탕으로 가맹계약을 체결하였으므로, 을 회사는 그로 인한 갑 등의 손해를 배상할 책임이 있는데, 갑 등의 영업손실 손해는 객관적으로 보아 상당한 정도로 예측 가능한 것으로서 을 회사의 불법행위와 상당인과관계 있는 통상손해의 범위에 포함되고, 이 손해가 특별한 사정으로 인한 손해라고 하더라도 그러한 특별한 사정의 존재에 대하여는 을 회사의 예견가능성이 있었다고 보아야 하며, 위 영업손실에 갑 등의 운영능력, 시장상황 등 다른 요인으로 인한 부분이 구분되지 않은 채 포함되어 있어 을 회사의 불법행위에 따른 손실 부분의 구체적인 액수 입증이 사안의 성질상 곤란하더라도, 변론 전체의 취지와 증거조사의 결과에 기초하여 상당한 손해액을 인정할 수 있다.

책임제한

법원은 불법행위에 기한 손해배상에서 손해의 공평 타당한 분배라는 손해배상제도의 이념에 따라, 손해배상액을 제한하거나 책임비율을 산정할 수 있다고 판시하고 있다. 이는 손해가 과다하거나 가해자에게 모든 손해를 배상시키는 것이 현저히 불합리하다고 판단될 때, 각 사안의 구체적 사정을 고려해 피해자와 가해자 사이의 손해를 공평하게 분담하도록 조정하는 원리다.

실제로 대법원은 프랜차이즈 본사가 허위 · 과장된 예상매출액 정보를 제공한 경우, 가맹점주의 영업손실까지 배상책임을 부담하게 할 수 있다고 판시하지만, 반대로 영업손실이 점주의 영업능력 등 외부 요인에 의해 발생한 경우에는 배상 범위에서 제외할 수도 있다는 태도를 보인다. 단, 프랜차이즈 본사가 예상매출액을 허위로 제공한 경우에는 점주가 적어도 영업손실이 없을 것이라 기대하며 계약을 체결했다는 점을 들어 영업손실 역시 본사가 책임져야 한다고 판단하기도 한다.

KEYPOINT

서울중앙지방법원 2024가단5138433 판결

가멍사업의 경우, 가맹점사업자 역시 본인의 책임과 비용을 스스로 선택해 영업을 운영하는 입장인 점, 가맹점사업자와 가맹본부는 구분되는 독립한 사업자로서 가맹본부가 설명한 사업내용의 타당성과 그에 대한 전망을 고려하여 자기 책임과 판단에 따라 가맹계약을 체결하고 장래의 예상수익에 관한 위험을 스스로 부담하여야 하는 점, 점포의 최종의사결정권과 점포선정으로 인한 책임은 원고들에게 있고, 영업성과는 시장상황 또는 원고들의 경영 능력이나 영업력에 따라 좌우되는 것, 가맹점사업자들도 가맹본부의 설명 · 안내 내용을 전적으로 신뢰하기보다는 영업 전망, 입지와 주변 상권 현황 등을 고려하여 이 사건 각 가맹계약을 체결하였을 것이라고 판단되는 점, 원고들이 피고 회사에게 이를 요구하는 등으로 피고 회사가 제공한 정보의 신뢰성을 담보할 만한 객관적이고 합리적인 근거나 자료가 있는지를 확인한 바 없다고 보이는 점, 이에 비추어 원고들로서도 피고 회사가 제공한 정보를 섣불리 믿고 이 사건 각 가맹계약의 체결 여부를 신중히 판단하지 아니한 잘못이 있고, 이는 원고들의 손해 발생 및 확대의 한 원인이 되었다고 봄이 상당한 점, 손해의 발생에 있어 점주의 주의의무와 영업 능력, 시장 상황 등도 함께 고려될 수 있다는 점 등으로 과실을 인정하고 있다.

TIP!

손해배상으로 인정받을 수 있는 금액을 간단하게 계산해볼 수 있어요.
예시) 개업하는 데 1억 3천만 원이 들었고, 1년 5개월 운영하면서 6천만 원 정도 영업손실이 났어요.
1억 3천만 원 + 6천만 원 = 1억 9천만 원 중 가맹점주의 과실 등을 고려한 책임 제한율(통상 50% ~ 70%)을 적용한 금액

가맹사업거래의 공정화에 관한 법률

제37조의2(손해배상책임)

① 가맹본부는 이 법의 규정을 위반함으로써 가맹점사업자에게 손해를 입힌 경우에는 가맹점사업자에 대하여 손해배상의 책임을 진다. 다만, 가맹본부가 고의 또는 과실이 없음을 입증한 경우에는 그러하지 아니하다.
② 제1항에도 불구하고 가맹본부가 제9조제1항, 제12조제1항제1호 및 제12조의5를 위반함으로써 가맹점사업자에게 손해를 입힌 경우에는 가맹점사업자에게 발생한 손해의 3배를 넘지 아니하는 범위에서 배상책임을 진다. 다만, 가맹본부가 고의 또는 과실이 없음을 입증한 경우에는 그러하지 아니하다.

징벌적 손해배상, 법만 있고 인정은 안 해준다?

손해배상에서 손해의 기본적인 범위는 실제로 발생한 손해(실손해)를 기준으로 하며, 이를 '1배 손해배상'이라고 한다. 즉, 피해자가 입은 실질적인 손해에 대해 가해자는 그 금액을 배상하는 것이 원칙이다. 그러나 특정 법률에서는 고의적이거나 악의적인 위반행위에 대해 실제 손해액을 넘어서는 배상을 허용하는 '징벌적 손해배상' 제도가 적용된다. 예를 들어, 제조물책임법이나 가맹사업법 등 약 19개의 법률에 징벌적 손해배상제도가 도

입되어 있다.

가맹사업법상 징벌적 손해배상은 프랜차이즈 본사가 가맹점사업자에게 손해를 입힌 경우, 특히 거래거절(부당한 계약해지, 계약갱신 거절 등), 보복조치(분쟁조정 신청, 공정위 신고 등에 대한 불이익 제공), 허위 · 과장정보 제공 등에 해당할 때 적용된다. 이 경우, 가맹점사업자가 입은 손해의 3배를 넘지 않는 범위 내에서 배상책임을 지게 된다. 그러나, 가맹사업법에서 징벌적 손해배상이 적용된 사례는 거의 없다. 이유는 다음과 같다.

손해배상액 산정의 엄격성

법원은 손해액 산정 시 프랜차이즈 본사의 불법행위와 손해 사이의 인과관계를 엄격하게 따진다. 예를 들어, 가맹점 개업비용 등 직접적 손해는 인정하지만, 이후 운영에서 발생한 손실은 인과관계를 부정하거나, 가맹점사업자의 과실을 함께 고려해 손해배상액을 줄이는 경향이 있다.

징벌적 손해배상의 예외적 성격

징벌적 손해배상은 원칙적으로 기업의 고의적 · 악의적 행위 등 매우 중대한 위법행위에 대해 예외적으로 적용하는 제도다. 실제로 외국 판례에서도 징벌적 손해배상은 단순한 부주의나 착오가 아니라, 악의적 · 의식적 · 계획적 권리 침해가 있을 때만 인정하는 경향이 있다. 국내에서도 마찬가지로, 프랜차이즈 본사의 행위가 단순한 과실이 아니라 고의적이고 악의적인 경우에만 징벌적 손해배상이 인정되는 것이 원칙이다. 징벌적 손해배상은 이 원칙에서 벗어난 예외적인 제도이기 때문에 "정말 악의적이거나 중대한 위반"에만 제한적으로 적용하려는 경향이 있다. 징벌적 손해배상은 "예외적 제도"로 보기 때문에 우리 법체계는 기본적으로 실손해 중심의 보상 원칙(실손보상주의)을 따른다.

실무상 적용의 신중성

징벌적 손해배상은 가해자에게 형사적 · 행정적 징벌에 더해 이중의 제재를 가할 수 있고, 원고에게 실손해를 넘어서는 우발적 소득을 주는 문제가 있어 법원은 신중하게 적용한다. 실제로 많은 법률이 3배 손해배상 규정을 도입했음에도 불구하고, 실무에서는 그 적용이 매우 드물어 제도의 실효성이 떨어지는 경우가 많다. 법원 내부의 '과잉 제재'에 대한 우려 문화이다. 법원은 징벌적 배상이 프랜차이즈 본사에 과도한 재정적 타격을 주고, 가맹점 전체 생태계에 파장을 줄 수 있다는 우려를 가진다.

입증책임의 문제

가맹점사업자가 입은 손해의 3배까지 배상을 청구하려면, 프랜차이즈 본사의 고의 · 중과실 등 중대한 위법행위를 명확히 입증해야 하며, 이는 현실적으로 쉬운 일이 아니다. 이처럼, 법원은 징벌적 손해배상의 적용을 매우 신중하게 접근하며, 실제로 인정된 사례는 많지 않다. 징벌적 손해배상은 단순한 법 위반만으로는 부족하고, 반복성, 고의성, 조직적 위반, 피해자의 취약성 악용 등이 입증되어야 한다. 프랜차이즈 본사가 보통 이런 점을 잘 감추거나 단순 실수, 절차 미비처럼 주장하면 법원은 조심스럽게 접근한다.

03

가맹점주가 되는 길 2 : 가맹계약 체결하기

나간지 / 남성 / 29세 / ENTP

패션에 관심이 많고 개성 넘치는 20대 ENTP 청년 '나간지'. 언젠가는 홍대에 자신의 편집샵을 내는 것이 꿈이지만, 당장 시작할 돈이 없고 의류 판매 경험을 쌓기 위해, 의류를 판매하는 프랜차이즈의 가맹점주부터 되어 보기로 한다. 여러 프랜차이즈 브랜드가 있지만, 그중에 나간지가 선택한 것은 Wear+Daily 의 합성어인 〈WEARLY〉라는 브랜드이다. 데일리룩으로 입을 수 있으면서도 생활 속의 개성을 표현한다는 방향이 자신과도 맞다고 생각했다.

3-1 가맹계약서: 가맹점주로서 가지는 권리와 의무 바로 알기

2025년 12월 1일, 눈

나는 그렇게 〈WEARLY〉 본사에 컨택을 하게 되었다. 본사에서도 나와의 계약을 긍정적으로 보고 원활하게 진행이 되고 있었다. 마침 내가 점포를 내고 싶었던 곳에 본사 역시 가맹점을 내고 싶었던 상황이라 큰 문제없이 가맹점주가 될 것 같다. 하지만 걱정이네… 나는 패션 말고는 아는 것이 별로 없고 특히 사회 경험이 없어 계약 이런거는 잘 모르는데… 가맹계약을 체결하기 전에 가맹거래사 상담을 받아보면 좋을 것 같다.

2025년 12월 2일, 눈

두근거리는 마음으로 가맹거래사 사무실을 방문하였다. 가맹거래사? 가맹거래사가 무엇인지는 당연히 몰랐고, 이런 것이 있는지도 몰랐다. 그런데 창업을 준비하면서 유명 포털 사이트의 창업 준비 카페를 가입해서 활동하다보니, 가맹거래사라는 전문 자격사가 있다고 하더라. 프랜차이즈가 법적 용어로 '가맹사업거래'라는 것도 처음 알았다. 여하튼, 가맹거래사라는 전문가가 프랜차이즈 분야의 경영컨설팅은 물론 법률적인 조언도 해준다는 사실을 알게 되었다. 나같은 창업 초짜는 아는 것이 아무것도 없으니 전문가의 도움을 받아보기로 했다. 카페에서 알게 된 점주 분께 가맹거래사 추천을 받아 미리 상담을 예약하고 방문했다.

나간지: 가맹거래사님, 안녕하세요.

직원: 3시에 상담 예약하신 나간지님이시죠? 저는 가맹거래사가 아니고 직원이에요. 안쪽 상담실로 모실게요, 따라오세요.

나간지: 아… 네…. (머쓱)

직원: 여기서 잠깐 기다리시면 금방 오실 거예요.

나간지: 네, 감사합니다.

가맹거래사 사무실은 이렇게 생겼구나. 영화나 드라마에서 봤던 법무법인처럼 대단히 크고 호화스러운 느낌은 아니었지만, 편하게 상담을 진행할 수 있도록 독립된 회의실인지 상담실로 안내를 해주시고는 간단히 차를 내주셨다.

잠깐 기다렸더니 온화한 미소의 가맹거래사님이 들어 오셨다. 가맹거래사님은 잘 찾아오셨다고 했다. 어느 때보다 법률적 조언이 필요한 시점이 계약서를 검토하는 시점인데, 다들 아무 생각없이 가맹본부가 시키는 대로 계약서는 읽어 보지도 않고 사인한다고 하신다. 그러곤 나중에 문제가 생기면 그제야 찾아온다고 하셨다.

가맹거래사: 가맹계약서는 가져오셨어요?

가맹거래사님이 여쭤보셨지만, 사실 아직 가맹계약서를 받지는 못하였다. 그래서 보여드릴 수 없다고 하니, 독소조항이 있는지 확인을 해줄테니 여건이 되면 꼭 가맹계약서를 가지고 다시 방문해 달라고 하셨다.

조금은 원론적인 이야기지만 계약은 무엇이고 계약서는 무엇인지, 가맹거래사나 변호사의 역할은 무엇인지와 같은 부분을 간략하게 이야기해 주셨다.

나를 포함한 보통 사람들이 계약서가 없으면 계약이 체결되지 않았다고 오해하는 경우가 많은데, 구두로 한 약속이라도 법적인 효력이 있는 계약이라고 설명해 주었다. 그러나 계약서를 쓰지 않으면 어떤 내용으로 계약이 체결되었는지 정리가 되지 않고, 또 그 사실을 입증할 수 있는 객관적인 자료가 없기 때문에 추후 법적 분쟁이 발생할 경우에 입증이 되지 않는 문제가 생긴다. 그래서 문서로 계약의 내용을 작성하고 양 당사자가 이를 확인하였다는 취지에서 서명이나 도장을 찍는 것이라고 한다.

한편, 가맹사업법에는 가맹본부가 가맹계약서를 점주 희망자에게 먼저 제공해 줘야 하고, 가맹계약서를 제공한 날로부터 14일이 지나지 않으면 가맹계약을 체결할 수 없도록 규정이 되어 있다고 했다. 상대적으로 약자의 지위에 있는 가맹점주 희망자가 계약의 내용을 충분히 이해하고 고민할 수 있도록 하기 위해서 시간을 부여하는 것이라고 하였다. 이 기간을 실무상 '숙고기간'이라고 한다고 들었다. 그런데 가맹계약서를 가맹거래사나 변호사가 검토한 경우에는 이 숙고기간이 14일에서 7일로 줄어든다고 하였다. 법률 전문가인 가맹거래사와 변호사가 가맹계약서를 본 경우에는 계약서 검토가 훨씬 더 빠르고 정확하게 될 수 있기 때문에, 숙고기간을 단축하는 것이라고 하였다. 다만, 가맹거래사나 변호사가 검토한 경우에는 그 사실을 가맹계약서에 반드시 기재를 해야한다고 한다.

대략 이러한 상담을 진행하고, 다음 상담 예약을 잡고 일어섰다. 다음 상담 때 계약서를 들고 오면 법령 위반은 없는지, 과하게 가맹점주, 즉 나에게 불리한 것이 없는지 봐준다고 하였다. 대부분의 경우에는 공정거래위원회에서 만든 표준계약서의 내용에서 크게 바뀌지는 않는다고 하지만, 장담할 수는 없다고 하였다.

KEYPOINT

계약서란?

먼저, 계약은 청약과 승낙의 의사 표시로 성립되는 법적 구속력이 있는 약속으로, 당사자간 권리와 의무에 대해 정해놓은 약속을 의미합니다. 대부분의 계약은 특별한 형식을 요구하지 않는 불요식 행위이므로, 계약서가 없는 구두계약도 계약입니다.

그러나 구두 계약은 계약의 존부, 계약의 내용을 두고 분쟁이 발생할 경우, 이를 확인할 수 있는 객관적인 자료가 없는 문제가 있습니다. 따라서 이러한 객관적인 자료를 남기기 위해 계약의 내용을 명시하고 양 당사자가 이를 확인하고 동의한다는 측면에서 서명이나 날인을 해놓은 문서가 바로 계약서입니다.

가맹계약서?

가맹사업법 제2조 제9호는 가맹계약서를 "가맹사업의 구체적 내용과 조건 등에 있어 가맹본부 또는 가맹점사업자(이하"가맹사업당사자")의 권리와 의무에 관한 사항(특수한 거래조건이나 유의사항이 있는 경우에는 이를 포함한다)을 기재한 문서"라고 정의하고 있는데, 일반적인 계약서의 의미와 다를 바가 없습니다.

한편, 공정거래위원회는 건전한 가맹사업거래질서를 확립하고 불공정한 내용의 가맹계약이 통용되는 것을 방지하기 위하여 일정한 가맹사업거래에서 표준이 되는 가맹계약서, 즉 표준가맹계약서를 마련하고, 가맹본부, 가맹본부로 구성된 사업자단체, 가맹점사업자 및 가맹점사업자단체에 이를 사용하도록 권장할 수 있습니다.

독소조항(毒素條項)?

영어로는 Poison pill clauses in contracts 라고 합니다. 계약 당사자 중 일방에게 불리한 조항을 의미하며, 짐짓 양 당사자에게 공평한 척 은밀하게 삽입되거나 교묘하게 포함되는 경우가 많이 있습니다.

숙고기간

가맹본부는 가맹희망자가 가맹계약의 내용을 미리 이해할 수 있도록 가맹계약서를 가맹희망자에게 제공한 날부터 14일(가맹희망자가 가맹계약서의 내용에 대하여 변호사 또는 가맹거래사의 자문을 받은 경우에는 7일)이 지나지 아니한 경우에는 가맹금을 수령하거나 가맹계약을 체결하는 행위를 할 수 없는데(가맹사업법 제11조 제1항), 이를 '숙고기간'이라고 합니다.

3-2 어려워도 반드시 읽어 봐야 하는 가맹계약서 필수체크항목

2025년 12월 5일, 안개

새로운 출발을 할 생각에 아침에 눈이 번뜩 떠지는 요즘이다. 가맹본부에서 오늘 가맹계약서를 준다고 하는데, 가맹거래사님이 하신 말처럼 계약서를 잘 작성하는 것이 첫 단추를 잘 꿰는 것이니, 꼼꼼하게 체크할 생각이다.

그런데, 계약서를 받아보니 무려 15페이지나 되었다. 왜 이렇게 두꺼운 거야? 보증금 2천만 원짜리 자취방을 계약할 때에도 그냥 한 페이지짜리 계약서를 작성했던 것 같고, 그거 말고 살면서 써 본 계약서라곤 편의점 아르바이트할 때 근로계약서 정도… 말고는 없는 것 같은데, 이렇게 두꺼운 계약서는 처음 봤다.

또 내용은 얼마나 어려운지… 흰 것은 종이고 까만 것은 글씨인데, 대충 보기에는 그냥 뭐 별거 아니고 이런 저런 거 잘 지키면 된다는 것 같은데… 잘 모르겠으니 비용이 조금 들더라도 가맹거래사님을 다시 찾아가야겠다.

가맹거래사: 특별히 대단히 불리한 부분은 없네요. 그렇지만 법적인 부분이 아닌 사업적인 부분에서 맞는지는 별도로 검토를 해 보셔야 합니다.

라고 하시면서 몇 가지 지점을 공유해 주었다. 이 부분은 따로 정리해 놓아야겠다!

TIP!

〈나간지의 가맹계약서 검토시 To-Do List〉

회사, 대표이사, 주소 등 당사자란이 제대로 적혀있는지 확인하자.

계약기간이 너무 짧은 것은 아닌지 확인해 보자. 초기에 부동산 임대차, 인테리어 등 비용 지출이 집중되므로, 이를 회수하기 위해 필요한 기간은 확보가 되어야 한다.

'계약 잘 지키면 되는 거지 뭐'라는 생각으로 위약금에 대해 신경을 쓰지 않는 경우가 적지 않다. 그러나 의도치 않게(혹은 의도가 생겨서) 계약을 준수하지 못하는 경우가 생길 수 있으므로, 이 경우 위약금을 부담하게 될 가능성이 있다. 위약금의 액수와 위약금이 면제되는 예외 조항을 챙기자.

가맹금(로열티) 부분은 가맹계약상 가맹점주의 핵심 의무이다. 가맹금의 산정 기준이 명확하게 기재되었는지 확인을 해야 한다. 특히 가장 최신의 정보공개서와 반드시 대조를 해야 한다. 정보공개서에 존재하지 않는 가맹금 항목이 은근슬쩍 가맹계약서에 들어가 있지는 않은지 확인을 해 보자.

반대로 본사의 경영지도 부분은 가맹계약상 가맹점주의 핵심 권리이다. 상담 단계에서 가맹본부가 약속했던 내용들이 빠짐없이 들어가 있는지 확인을 해 보자.

가맹계약서에 필수적으로 들어가야 할 내용들을 가맹사업법 및 그 시행령에서 규정하고 있다. 이 부분들이 다 들어가 있는지 확인을 해 보자.

가맹거래사: 그래도 가맹사업법의 내용은 대부분 편면적 강행규정적 성격을 띠고 있으니, '대놓고 법을 위반하면 어떡하지?'라는 걱정은 하지 않으셔도 됩니다.

가맹거래사님이 이런저런 조언을 해 주시고는 상담 말미에 이런 말씀을 하셨는데, 당연히 나는 알아듣지 못했다…. 한 3년 부끄러울 것 같다….

나간지: 네? 평면적 강냉이규정이요? 강냉이가 납작 눌린건가요?

가맹거래사: 아니 강냉이라뇨, 편면적 강행규정이요! 우리나라에는 사적자치의 원칙에 따라, 법에 정하고 있더라도 계약의 양 당사자가 법에서 정한 내용과 다르게 계약을 체결해서 법과 상충되더라도, 법보다 계약 내용을 우선하는 경우가 많이 있어요. 가장 대표적인 예로 부동산 임대차 계약을 할 때 유익비 상환 청구권을 포기하는 것을 들 수 있어요.

나간지: 아 그래요? 그런데요?

가맹거래사: 그런데, 반대로 법과 계약이 상충될 경우, 그 계약 조항을 무효로 하고 법 조항을 우선시하는 경우도 있는데, 이러한 조항을 강행규정이라고 하고, 강행규정 중에서 계약 당사자 중 일방을 보호하기 위해 일방에게 불리한 경우에만 강항규정으로 적용이 되고, 그 일방에게 유리한 계약이 법보다 우선하는 경우에는 '편면적 강행규정'이라고 해요. 주로 약자를 보호하기 위한 법률이 이런 편면적 강행규정의 성격을 띄고 있는데요, 대표적으로 주택임대차보호법이 그렇습니다. 가맹사업법 역시 가맹본부에 비해 상대적으로 약자인 가맹점주들을 보호하기 위해서 만들어진 법이라, 가맹사업법보다 가맹점주에게 더 불리한 내용으로 가맹계약서를 작성했더라도 최소한 가맹사업법 만큼은 보호를 받을 수 있어요. 그렇다고 해서 너무 가맹계약서를 소홀히 하지는 마시구요!

이 가맹거래사님은 참 마지막까지 따뜻하시다. 가맹거래사님이 특히 짚어 주었던 부분을 다시 한번 검토해 보고 궁금한 것이 있으면 가맹본부에 문의를 해봐야겠다.

KEYPOINT

가맹계약서 필수 기재사항(1~12 가맹사업법 제11조 제2항, 13~21 가맹사업법 시행령 제12조)

(1) 영업표지의 사용권 부여에 관한 사항
(2) 가맹점사업자의 영업활동 조건에 관한 사항
(3) 가맹점사업자에 대한 교육 · 훈련, 경영지도에 관한 사항
(4) 가맹금 등의 지급에 관한 사항
(5) 영업지역의 설정에 관한 사항
(6) 계약기간에 관한 사항
(7) 영업의 양도에 관한 사항
(8) 계약해지의 사유에 관한 사항
(9) 가맹희망자 또는 가맹점사업자가 가맹계약을 체결한 날부터 2개월(가맹점사업자가 2개월 이전에 가맹사업을 개시하는 경우에는 가맹사업개시일)까지의 기간 동안 예치가맹금을 예치기관에 예치하여야 한다는 사항. 다만, 가맹본부가 제15조의2에 따른 가맹점사업자피해보상보험계약 등을 체결한 경우에는 그에 관한 사항으로 한다.
(10) 가맹희망자가 정보공개서에 대하여 변호사 또는 제27조에 따른 가맹거래사의 자문을 받은 경우 이에 관한 사항
(11) 가맹본부 또는 가맹본부 임원의 위법행위 또는 가맹사업의 명성이나 신용을 훼손하는 등 사회상규에 반하는 행위로 인하여 가맹점사업자에게 발생한 손해에 대한 배상의무에 관한 사항
(12) 가맹본부가 가맹점사업자에게 가맹본부 또는 가맹본부가 지정한 자와 거래할 것을 강제할 경우 그 강제의 대상이 되는 부동산 · 용역 · 설비 · 상품 · 원재료 또는 부재료 · 임대차 등의 종류 및 공급 가격 산정방식에 관한 사항
(13) 가맹금 등 금전의 반환조건에 관한 사항
(14) 가맹점사업자의 영업설비 · 집기 등의 설치와 유지 · 보수 및 그 비용의 부담에 관한 사항
(15) 가맹계약의 종료 및 해지에 따른 조치 사항
(16) 가맹본부가 가맹계약의 갱신을 거절할 수 있는 정당한 사유에 관한 사항
(17) 가맹본부의 영업비밀에 관한 사항
(18) 가맹계약 위반으로 인한 손해배상에 관한 사항

(19) 가맹본부와 가맹점사업자 사이의 거래조건 변경협의 및 분쟁 해결 절차에 관한 사항
(20) 가맹본부가 다른 사업자에게 가맹사업을 양도하는 경우에는 종전 가맹점사업자와의 계약에 관한 사항
(21) 가맹본부의 지식재산권 유효기간 만료 시 조치에 관한 사항

3-3 점주의 계약 위반, 계약해지를 당할 수 있다!

나간지의 회고록

솔직히 〈WEARLY〉 가맹점주로서의 삶, 나쁘지 않다. 〈WEARLY〉 전 가맹점 매출 1위도 해보고, 본사로부터 감사패도 받고, 우리 지점이 〈WEARLY〉의 간판 가맹점이 되었다. 돈도 생각보다는 많이 벌었다. 하지만 난 가슴속에 꿈이 있었다. 나만의 편집샵을 통해 나만의 패션 철학을 사람들과 공유하고 싶다는 것. 나의 꿈을 실현하기 위해 편집샵을 오픈할 지역에 임장부터 다녀보기로 했다. 편집샵에서 돈을 벌지 못해도 상관없다. 〈WEARLY〉에서 돈을 벌고 편집샵은 나의 예술적 혼이 담긴 공간으로 운영을 하면 된다. 〈WEARLY〉 가맹점은 편집샵을 내려는 홍대와 거리도 멀기 때문에 문제될 일은 없을 것이다.

이런 생각을 갖고 있어서 그랬나, 처음 〈WEARLY〉의 브랜드 파워가 좋아 보였다. 잠재력이 있어 보였고, 나와도 잘 맞고 꽤나 완벽한 브랜드라고 생각을 했었는데, 점차 〈WEARLY〉의 부정적인 측면이 보이기 시작했다. 다른 부분은 뭐, 경영자의 측면에서 나와 다를 수 있다고 생각해도, 점점 입고되는 옷이 마음에 들지 않기 시작했다. 철학이 담겨 있지도 않고, 그렇다고 편안하게 입을 수 있는 옷도 아니고, 솔직히 이런 옷을 어떻게든 팔고 있는 자신이 너무나 신기할 정도였다.

사실 이런 생각이야 누구나 할 수 있다. 다만, 생각에서 멈췄었어야 했는데…. 내가 활동하고 있는 패션 관련 사이트에 〈WEARLY〉 험담을 쓰기

시작했다. 처음에는 건전한 비판으로 시작했는데, 나의 의견에 동조하는 댓글들도 달리고, 〈WEARLY〉 저격수라는 별명도 생기다보니 점차 심해져서 선을 넘어버렸다. 험담의 수위는 결국 '쓰레기다.', '폐기 처분 되어야 한다.', '여기서 옷 사는 한국인들 수준도 딱 거기까지다.'처럼 거칠어져 갔고, 급기야 〈WEARLY〉 본사 대표 개인에 대한 인신 모욕으로까지 이어졌다. 나의 비방은 가열차게 엑셀레이터만 밟고 있었다. 〈WEARLY〉 본사로부터 내용증명을 받고 고소를 당하기 전까지는….

2026년 2월 1일, 안개

〈WEARLY〉 본사가 보낸 내용증명에는 내가 브랜드 이미지를 보호하고 브랜드의 명예를 훼손하지 말아야 한다는 계약상 의무를 위반하였으므로, 2개월 이내에 이를 시정할 것과, 시정하지 않을 경우 가맹계약이 해지될 수 있다는 내용이 적혀 있었다. 대체 이게 무슨 일인가 싶어, 서랍 속에 처박아 놓았던 〈WEARLY〉 가맹계약서를 찾아보았다. 가맹계약서에는 이러한 조항이 있었다.

WEARLY 가맹계약서

제17조(점주의 금지행위)

② 점주는 WEARLY 브랜드 및 임직원에 대한 욕설, 비방, 허위사실 유포 등 WEARLY의 명예와 신용을 저해할 수 있는 일체의 행위를 하여서는 아니되며, 이를 위반할 경우 가맹본부는 가맹사업법의 절차를 거쳐 가맹계약을 해지할 수 있다.

음… 그렇지만 여기서 물러설 나간지가 아니다.

2026년 2월 27일, 안개

나는 내용증명을 받은 바로 다음날, 내용증명을 스캔하여 그 전문을 패션 관련 사이트에 올렸다. 다른 회원들이 나를 정의의 사도처럼 취급해 주니, 뭔가 기분이 우쭐해지는 것도 같았다. 그게 화근이었다. 가맹본부에서도 도저히 참을 수가 없었는지, 나를 형사고소한 것이다. 가맹본부가 별 말이 없길래 나는 '정의 구현'이 되었다면서 자축하고 있었다. 나에 대한 고소장이 접수된 지도 모른 채… 나중에 경찰로부터 전화를 받고서야 알게 되었다. 변호사와 상담을 해 보니, 나의 혐의점을 피하기는 어려워 보였다.

2026년 7월 9일, 국지성 호우

결국 나에 대한 형사고소는 나의 유죄로 끝이 났다. 평생 할 생각은 아니었지만, 〈WEARLY〉의 간판을 달고 영업을 하기가 어려웠다. 내 가게가 너무나 꼴도 보기 싫어, 한 2주간 가게 문을 열지 않았다. 내 가게니까, 문을 열고 안 열고는 내 마음이라고 생각했다. 그런데 〈WEARLY〉 가맹본부로부터 또 한 통의 내용증명을 받게 되었다. 정당한 사유 없이 가게 문을 열지 않아서 가맹계약을 위반한 것이고, 가맹사업법에 따라 즉시해지사유가 되므로, 가맹계약을 해지한다는 것이었다. 내가 욕을 하기는 했지만, 당장의 수입처인 〈WEARLY〉 가게를 접을 생각은 없었으므로, 나는 부당한 가맹계약해지가 아니냐면서 변호사, 가맹거래사 가리지 않고 여기저기 상담을 해봤다. 그러나, 모두 한 목소리로 내가 잘못했다고 말했다. 이렇게 나의 〈WEARLY〉 가맹점주로서의 역사는 끝이 났다.

KEYPOINT

가맹계약의 해지란?

'해지'는 계속적 계약을 해지 시점부터 장래를 향하여 그 효력을 없애는 것을 의미하는 법률 용어입니다. 따라서 가맹계약이 해지되면, 해지된 이후 시점부터의 가맹계약은 소멸하게 됩니다.

가맹본부의 가맹계약 해지권 행사의 제약

가망사업법 제14조 제1항에 따르면, 가맹본부는 가맹계약을 해지하려는 경우에는 가맹점사업자에게 2개월 이상의 유예기간을 두고 계약의 위반 사실을 구체적으로 밝히고 이를 시정하지 아니하면 그 계약을 해지한다는 사실을 서면으로 2회 이상 통지하여야 합니다. 이를 위반한 해지는 무효입니다.

즉시해지사유

해지권 행사의 제약에도 불구하고, 가맹사업법 및 시행령에는 유예기간 없이 즉시 가맹계약을 해지할 수 있는 사유를 규정하고 있습니다.

즉시해지 사유로는 ① 가맹점사업자의 파산, 강제집행, 회생, 어음 · 수표의 지급정지 ② 천재지변이나 일신상 중대한 사유로 가맹점주가 경영을 할 수 없게 된 경우 ③ 가맹점주가 행정처분이나 법원 판결을 받아 가맹본부의 명성이나 신용을 훼손한 경우 ④ 필요한 자격 · 면허 · 허가가 정지 또는 취소되는 경우 ⑤ 동일한 사항을 1년 이내에 위반한 경우 ⑥ 가맹점 운영에 관한 행위로 형사처벌 받은 경우 ⑦ 공중의 건강이나 안전에 급박한 위해를 가할 우려가 있는 경우, ⑧정당한 사유없이 연속하여 7일 이상 영업을 중단한 경우 등이 있습니다.

TIP!

"pacta sunt servanda" 약속은 지켜져야만 한다는 뜻의 라틴어 법격언입니다. 법치주의 사회에 살고 있지만, 기본적으로 사적자치의 원칙이 함께 적용되므로, 양 당사자간의 계약 역시 법과 마찬가지로 지켜져야 합니다. 계약을 지키지 않을 경우, 채무불이행에 해당하여 그에 따른 상대방의 손해를 배상할 책임을 지게 됩니다.

3-4 내 가게를 운영하겠다는데, 동종 영업이라 안 된다고? (경업금지 조항)

나간지의 회고록

〈WEARLY〉와의 분쟁에서 처참히 패배한 후, 나는 폐인이 되어 매일을 술과 담배로 지냈다. 한 한 달쯤 지났을까, 패션을 공부하던 대학에서 내가 가장 존경하던 선배에게 "너 언제까지 그러고 살거야! 정신차려 나간지!"라며 큰소리로 꾸지람을 듣고는 다시 한번 정신을 차리기로 결심하였다.

어차피 내 꿈은 가맹점주가 아니었다. 홍대에 나만의 편집샵을 갖는 것이 꿈이었다. 〈WEARLY〉를 운영하며 돈은 많이 벌었다. 그 점은 고맙긴 고맙다. 나는 곧바로 나만의 편집샵을 만들기 위해, 나의 인생 2막을 위해 움직였다. 임장을 다녀 보니 곧바로 편집샵을 내도 될 만큼 상황이 좋았다. 나는 편집샵을 내는 일에 즉시 착수하기로 하였다. 나의 오랜 꿈을 향한 첫 발을 드디어 내밀게 된 것이다.

그리고 〈WEARLY〉와의 법적분쟁 때부터 시작해서 편집샵을 내는 과정을, 창업 카페에 연재하기 시작했다. 여기서 도움도 많이 받았고, 또 글을 올리다 보면 사람들이 조언해 주는 것이 도움이 많이 되었기 때문이다. 그렇게 나의 꿈, 나의 편집샵이 완성되었다.

편집샵의 매출이 크지는 않았지만, 패션 커뮤니티에서 입소문을 타며 꽤나 좋은 반응을 얻고 있었다. 편집샵과 동일한 네이밍으로 가맹점을 내고 싶다는 사람도 생겨났다. 편집샵 운영으로 눈코뜰새 없이 바쁜 나날을 보내고 있다. 돈도 벌고 꿈도 이루는 바빴지만 너무나 행복하고 평온한 나날이었다. 〈WEARLY〉 본사로부터 내용증명을 받기 전까지는….

2026년 11월 1일, 맑음

〈WEARLY〉 본사가 보낸 내용증명에는 내가 경업금지의무를 위반하였으므로, 위약벌로 5억 원을 내라고 적혀있었다. 아니, 〈WEARLY〉는 이미 나한테 계약해지를 통보해서 계약은 해지되었는데, 대체 이게 무슨 일인가 싶어, 서랍 속에 처박아 놓았던 〈WEARLY〉 가맹계약서를 찾아보았다. 가맹계약서에는 이러한 조항이 있었다.

WEARLY 가맹계약서

제31조(경업금지 의무)

① 가맹점주는 계약기간 중은 물론이고 본 계약이 종료, 해지, 해제된 후 5년 동안 가맹본부의 동의 없이 동종 영업을 하여서는 아니된다.

② 전 항을 위반하여 동종 영업을 하는 경우, 가맹점주는 가맹본부에게 위약벌로 500,000,000원을 지급하여야 한다.

솔직히 계약을 체결할 당시, 계약서를 자세히 살펴보지 않고 대강 도장만 찍었었다. 가맹거래사님이 이 부분을 짚어 주긴 했지만, '경업금지'라는 말이 어려워서 대충 넘긴 것도 있었고, 무엇보다 가맹계약이 해지된 이후부터 5년 동안이나 경업이 금지될 것이라고는 상상조차 못하였다. 이제 어떻게 해야하지? 법을 잘은 모르지만, 이 계약서 내용대로라면 빼도 박도 못하고 5억 원을 물어 줘야 하는 것인가? 법적 절차를 한 번 밟아 보니, 계약 위반, 너무나도 무섭다.

2026년 11월 4일, 강풍

오랜만에 가맹거래사의 상담을 받고 왔다. 일단 가맹거래사님은 내가 잘못한 것이라고 하였다. 특히 가맹계약의 해지 사유가 내 과실인 것도 불리한 정황이라고 하였다. 가맹사업법에도 가맹점사업자, 즉 가맹점주는 가맹계약기간 중 가맹본부와 동일한 업종을 영위하는 행위를 금지하는 것으로 정하고 있다고 한다. 어쨌건 내가 의류 판매 편집샵을 운영하였으므로, 동일한 업종을 영위하는 행위를 한 것이고, 〈WEARLY〉와의 계약을 위반한 것이라고 한다. 그리고 계약서에 위약벌을 지급하는 것으로 되어 있으니, 위약벌을 지급해야 할 것이라고 말했다.

나는 억울했다. 〈WEARLY〉는 데일리룩으로 직장이나 학교에도 큰 문제없이 입을 수 있는 것이었고, 내 편집샵은 주로 고프코어룩을 추구하면서 아웃도어 쪽에 좀 더 집중해서 추구하는 방향이 달랐다. 무엇보다 가맹계약은 이미 해지되었는데도 적용되는 것이 제일 억울했다. 그렇지만 가맹거래사님은 그래봤자 동일 업종이니 경업금지 조항의 적용을 피하기는 어려울 것이라고 했다. 절망적이었다.

그나마 다행인 부분도 있었다. 가맹거래사님은 위약벌 액수가 계약서에 명시되어 있지만, 감액이 될 수 있다고 한다. 그 이유도 설명을 해주었지만, 정확히 이해할 수는 없었다. 결론은 위약금이나 위약벌이나 둘 다 법원이 감액할 수도 있다고 한다.

어쨌든 계약서를 더 꼼꼼히 읽어보고, 모르는 부분은 조언을 구해서 파악했어야 했는데… 안일하게 생각한 대가로 너무나 큰돈을 지불한 것 같다.

KEYPOINT

경업금지의무란?

가맹사업법상 경업금지의무란, 가맹본부와 동일한 업종을 영위하는 행위를 금지해야할 의무로서, 가맹사업법 제6조 제10호에 가맹점사업자, 즉 가맹 점주의 의무로 규정이 되어 있습니다. 실무상 가맹계약서에 영업비밀 준수의무와 같이 규정되는 경우가 많이 있습니다.

경업금지 의무의 내용

계약기간 중 경업금지 의무

가맹사업법 제6조 제10호는 '가맹계약기간중 가맹본부와 동일한 업종을 영위하는 행위'를 금지하고 있으므로, 이 조항에 근거하여 경업금지 의무가 발생합니다. 법원도 계약기간 중 경업금지 의무를 인정하고 있습니다.

계약종료 후 경업금지 의무

가맹사업법에는 가맹계약기간 이후의 경업금지 의무에 대해 따로 정하지 않고 있으나, 가맹계약에 의해 계약기간 이후(계약종료 후)에도 경업금지 의무가 발생할 수 있습니다. 단, 계약 종료 이후 경업이 금지되는 기간이 무한정 인정되는 것은 아닙니다. 여러 가지 제반 사정을 종합적으로 고려하여 경업이 금지되는 기간의 유효성을 달리 판단하고 있으나, 계약 종료 이후 1년 동안의 경업을 금지하는 조항이 유효함을 전제로 경업금지의무를 위반하였다고 판단한 사례가 있고, 계약 종료 이후 2년간 지역의 제한 없이 가맹점주의 동종유사업 개업을 금지하는 조항이 약관법에 위반하여 무효라고 판단한 사례도 있습니다.

영업양도 이후 경업금지 의무

영업양도의 경우 별도의 영업양도 계약 내용에 따라 달라질 수 있으나, 영업양도 역시 기존 가맹점주와의 계약은 종료되는 것이므로, 계약 종료 후 경업금지 의무의 내용이 동일하게 적용될 수 있습니다.

동일한 업종인지 판단하는 기준

상법 제41조의 영업양도 규정에서 정하고 있는 기준에 대해, 대법원은 경업이 금지되는 대상으로서의 동종 영업은 영업의 내용, 규모, 방식, 범위 등 여러 사정을 종합적으로 고려하여 판단한다고 하였습니다. 한편 가맹사업법 제12조의4 제3항(영업지역 내 동일한 업종 출점 금지)은 '동일한 업종'의 의미를 "수요층의 지역적 · 인적 범위, 취급품목, 영업형태 및 방식 등에 비추어 동일하다고 인식될 수 있을 정도의 업종을 말한다."라고 부연하고 있으므로, 이러한 기준 역시 동일 업종의 판단 기준이 됩니다. 실무상 한국표준산업분류를 이용한 주장도 이루어지는 경우가 많습니다.

경업금지와 위약금/위약벌

가맹계약상 경업금지의무를 위반한 경우 위약금 또는 위약벌을 지급하는 것으로 규정되어 있을 경우, 이에 따라 위약금 또는 위약벌을 지급해야할 의무가 발생합니다. 단, 위약금 또는 위약벌이 부당하게 과다할 경우, (논리는 조금 다르지만) 법원은 이를 감액하여 인정할 수 있습니다. 통상적으로 3천만 원 내외의 위약금 또는 위약벌은 인정이 되는 경향을 보이고 있습니다.

04

가맹점주가 되는 길 3: 가맹금 예치하기

조리왕 / 여성 / 28세 / ISTJ

평범한 중소기업 직원으로 사회생활을 시작하였으나, 30살에 가업을 이어받을 예정인 사업가 2세와 결혼, 쌍둥이를 임신하면서 자연스럽게 경단녀(경력단절 여성)가 된 '조리왕'. 조리왕은 평소 꼼꼼하고 학구적인 성격으로, 까다로운 남편과 시댁의 요구를 맞추기 위해 요리 연구를 하였는데, 덕분에 그녀의 음식은 어딜 가나 최고의 찬사를 듣곤 하였다. 쌍둥이 자녀를 모두 미국으로 유학보낸 지금, 그녀는 다시 한번 자신의 삶을 찾기 위해 음식점 운영을 해 보려고 한다.

4-1 본사에 지급해야 할 돈이 왜 이렇게 많아? (가맹금 개념 알기)

2025년 6월 1일, 맑음

오늘은 본사 교육 센터에서 가맹점 창업 전 마지막 교육을 받았다. 솔직히 머릿속에 용어들이 한가득 쏟아져 들어와서 아직 정리가 다 되지는 않았지만, 오늘 들은 것 중에서 제일 기억에 남는 건 '가맹금'에 대한 이야기였다. 그동안 나는 그냥 본사에 내는 돈 정도로만 생각했었는데, 그게 단순한 비용이 아니라 꽤 의미 있는 구조로 되어 있다는 걸 처음 알았다.

가맹금은 말 그대로 가맹점이 프랜차이즈 본사(가맹본부)에 내는 돈인데, 크게 네 가지 정도로 나눌 수 있다고 했다. 가맹비, 교육비, 보증금, 로열티. 각 항목마다 어떤 의미인지, 왜 내는지, 어디에 쓰이는지가 모두 달랐다.

먼저 가입비. 이건 본사의 브랜드를 쓰고, 사업 시스템에 참여할 수 있는 '입장료' 같은 거라고 했다. 쉽게 말하면, 아무나 이 브랜드를 달고 장사할 수는 없으니, 브랜드의 가치와 신뢰를 공유받는 대가로 한 번 내는 돈이라고 했다. 계약할 때 한 번만 납부하고, 반환은 되지 않는다. 나도 이번에 계약할 때 가맹비로 1천만 원 정도 냈는데, 이게 바로 그 '문을 열고 들어가기 위한 비용'이었다는 걸 알게 되니 조금 더 납득이 됐다. 가입비는 다음에 이야기할 교육비와 함께 개시 지급금의 대표적인 사례라고 했다.

두 번째는 교육비. 본사에서 진행하는 창업 전 교육, 조리나 서비스 교육, 운영 관리 교육 등에 쓰이는 비용이다. 교육은 필수 참여 항목이고, 이 비용도 가맹금의 일종으로 본다고 했다. 가맹비에 포함되기도 하지만 별도로 책정되는 경우도 많다고 해서, 내 계약서를 다시 보니 교육비는 별도로 2백만 원 정도 빠져 있었던 게 기억났다. 강사님이 말하길, 이건 '지식과 경험을 전수 받는 값'이라고 생각하라고 했다. 실제로 교육을 받아보니, 음식 조리 매뉴얼 하나하나가 다 매출과 연결된다는 걸 느꼈다. 나 혼자 이런 시스템을 만들려면 수년이 걸렸을 테니, 이 정도 금액은 아깝지 않다는 생각이 들었다.

세 번째는 보증금. 이건 약간 생소했는데, 계약을 어겼을 때 본사가 손해를 보지 않도록 하기 위한 일종의 담보금이라고 했다. 계약을 성실히 이행하면 나중에 돌려받을 수 있는 금액이다. 그래서 '비용'이라기보다는 '맡겨두는 돈'에 가깝다. 내 계약에도 보증금 5백만 원이 포함되어 있었고, 계약 만료 시 별문제 없으면 돌려준다고 되어 있었다. 본사 입장에서는 가맹점이 계약을 마음대로 어기거나 브랜드 이미지를 훼손할 경우를 대비한 안전장치인 셈이다.

그리고 마지막이 로열티. 이게 가장 많은 가맹점주들이 신경 쓰는 부분이라고 했다. 로열티는 본사에 매달 정기적으로 내는 비용인데, 브랜드 운영, 마케팅, R&D 지원 등 지속적인 시스템 유지에 쓰인다고 했다. 종류도 다양한데, 월정액으로 내는 방식, 매출의 일정 비율로 내는 방식, 매입량에 포함된 방식 등이 있다고 한다. 나는 매출의 2%를 로열티로 내는 조건이라서, 매달 POS 데이터를 본사에 보고하고 정산하게 되어 있다. 솔직히 이 부분은 좀 부담이 되긴 하지만, 본사가 정기적으로 광고도 해주고 시즌별 신메뉴도 제공해 주니까 그냥 고정 비용이라고 생각하려 한다.

또 재미있었던 건, 어떤 가맹본부는 이 모든 비용을 '패키지'로 묶어서 하나의 금액으로 받는 경우도 있다고 했다. 그래서 계약서나 정보공개서상에 각각 항목이 어떻게 분류되어 있는지를 꼼꼼히 따져 보는 게 정말 중요하다고 느꼈다.

교육을 들으면서 최근 이슈가 되고 있는 차액가맹금 사례를 이야기해 주었는데, 사실 잘 이해가 되지 않아서 집으로 돌아오는 길에 따로 기사를 찾아 공부를 해보았다. 물류 마진이라는 용어로도 많이 쓰이고 있었는데, 가맹본부가 원재료 같은 것을 사서 가맹본부의 마진을 붙여 가맹점에게 팔 경우, 그 마진이 결국 가맹본부에게는 이득이 되므로, 이것을 가맹금이라고 본다는 것이다.

그런데 가맹금은 가맹계약서에 포함이 되어있어야 하는데, 해당 사례에서는 가맹본부가 정보공개서에는 차액가맹금을 넣어놨지만 가맹계약서에 포함시키지 않아서 가맹본부가 차액가맹금을 가맹점으로부터 수령할 법적 권리가 없는 것으로 법원 판단이 되었다고 한다. 수령 권리가 없음에도 불구하고 가맹본부가 그간 차액가맹금을 가맹점으로부터 수령하였으니, 가맹점이 부당이득반환을 청구한 것이고, 법원이 가맹점의 손을 들어준 것이 핵심인 것 같았다.

사실 예전에는 가맹금을 '그냥 본사가 뜯어가는 돈'이라고 생각했었다.

하지만 오늘 설명을 듣고 나서 브랜드와 시스템, 그리고 그들이 쌓아온 경험과 성공 가능성에 대한 사용료라는 걸 알게 됐다. 결국 나는 완전히 혼자 장사하는 게 아니라, 본사의 등 뒤에 숨어서 조금 더 안전하게 시작하는 거니까. 그만큼의 대가를 지불하는 건 어쩌면 당연한 일일지도 모른다. 그렇지만 차액가맹금 논란에서도 볼 수 있듯이, 가맹점주를 준비하는 사람의 입장에서 가맹금이라는 것이 투명하게 공개되고 결정되면 좋겠다는 생각 또한 들었다.

이제 계약 조건도, 비용 구조도 조금은 이해가 된 것 같다. 오늘 저녁엔 가족들과 창업 설명을 다시 정리하면서 상의해야겠다. 첫걸음이니만큼 더 신중하게, 더 꼼꼼하게 준비해 나가야겠다.

KEYPOINT

1. 가맹금의 개념(가맹사업법 제2조 6호 본문 참고)

"가맹금"이란 명칭이나 지급형태가 어떻든 간에 가맹본부가 가맹사업자로부터 가맹사업과 관련하여 수령하는 일체의 수익

2. 가맹금의 종류(가맹사업법 제2조 제6호 각 목, 시행령 제3조 참고)

(1) 가맹금에 포함되는 대가

1) 개시지급금: 가맹사업 시작을 위해 가맹점운영권이나 영업활동에 대한 지원, 교육 등을 받기 위하여 지급하는 대가로서, 가입비 · 입회비 · 가맹비 · 교육비 또는 계약금 등

2) 계약이행보증금: 가맹점사업자가 가맹본부로부터 공급 받는 상품의 대금 등에 관한 채무액이나 손해배상액의 지급을 담보하기 위하여 가맹본부에 지급하는 대가로서, 보증금, 담보금 등

3) 초도물품비: 가맹점사업자가 가맹점운영권을 부여받을 당시에 가맹사업을 착수하기 위하여 가맹본부로부터 공급 받는 정착물 · 설비 · 상품의 가격 또는 부동산의 임차료 명목으로 가맹본부에 지급하는 대가로서, 인테리어비, 최초 상품비 등

4) 정기 · 비정기 지급금: 맹점사업자가 가맹본부와의 계약에 의하여 허락 받은 영업표지의 사용과 영업활동 등에 관한 지원 · 교육, 그 밖의 사항에 대하여 가맹본부에 정기적으로 또는 비정기적으로 지급하는 대가로서, 상품사용료, 광고분담금, 물품대금 유통이익(차액가맹금) 등

(2) 가맹금에서 제외되는 대가(가맹사업법 시행령 제3조 제1항)

1) 신용카드사에 지불하는 수수료
2) 상품권 발행회사에 지급하는 수수료나 할인금
3) 전자금융거래법상 지급수단발행회사나 지급결제대행회사(PG사)에 지급하는 수수료나 할인금
4) 가맹본부에 지급하는 초도물품비 중 적정 도매가격
5) 기타 가맹본부에 최종귀속되지 않고 소비자가 제3자에게 지급하는 것을 가맹본부가 대행하는 것

4-2 가맹금 예치제도, 내 가맹금을 보호하는 최소한의 안전장치

2025년 6월 5일, 맑음

계약을 앞두고 가슴이 설렌다기보단 묘하게 긴장이 된다. 드디어 내 가게가 생긴다는 기대감도 있지만, 동시에 '혹시 내가 놓치고 있는 건 없을까' 하는 걱정도 계속 머릿속을 맴돈다. 그래서 오늘은 본사 담당자와 만나 계약서를 검토하고, 가맹금 납부 절차에 대해서도 설명을 들었다.

그 자리에서 처음 들은 제도가 있었다. 이름하여 '가맹금 예치제도'. 솔직히 말해서 처음엔 무슨 보증보험 같은 건가 싶었는데, 설명을 듣고 나니 참 잘 만들어진 장치라는 생각이 들었다. 요약하자면, 가맹점주가 본사에 바로 가맹금을 송금하지 않고, 일정 기간 동안 제3의 기관(은행, 보험사 등)에 예치해 두는 제도라고 한다.

쉽게 갈해, 일정 기간 동안은 돈을 '중간에 맡겨 두고', 가맹 점주가 제대로 영업을 개시하면 그때 가맹금이 본사로 넘어가게 하는 구조다. 만약

본사에 가맹비를 먼저 보냈는데 나중에 계약이 해지되거나 인테리어 공사가 제대로 되지 않으면 돈을 돌려 받기 어려워진다. 그리고 본사가 여러 가맹점을 동시에 계약한 다음 가맹비만 받고 잠적하는 경우라면? 그걸 막기 위해, 가맹 희망자들을 보호할 수 있도록 만든 법적 장치라고 한다.

가맹금 예치제도는 가맹금 중 개시지급금 또는 계약이행보증금으로서 금전으로 지급하는 경우에는 반드시 적용해야 하는 의무사항이라고 했다. 혹은 가맹본부가 가맹점사업자피해보상보험계약 등을 체결한 경우에는 어차피 보험으로 가맹점주가 보호를 받으므로 예치제도가 적용되지 않는다고 한다. 여하튼 가맹금을 예치해야 하고 직접 받을 수 없다는 것은 본사도 잘 알고 있어서, 본사 담당자도 가맹금을 회사로 직접 주지 말고 예치기관으로 지급해 달라고 했다. 나중에 본사가 가맹금을 수령할 수 있는 조건이 성취되면, 본사가 알아서 예치기관과 소통하여 송금을 받으니, 예치기관에 예치한 이후에는 신경쓸 것이 없다고 한다. 예치기관은 여러 개가 있지만 보통 시중은행과 계약을 맺어 예치시스템을 구축해 놓는다고 한다.

솔직히 이런 제도가 있다는 걸 몰랐다면, 그냥 가맹계약서에 서명하고 바로 돈부터 보냈을 지도 모른다. 그런데 뉴스나 커뮤니티를 보면, 가맹계약만 해놓고 본사는 연락 끊고, 가맹점주는 수천만 원 날렸다는 사례도 수두룩하다. 그런 걸 보면 예치제도는 창업 초보자에게 꼭 필요한 안전장치라는 걸 절감하게 된다.

담당자도 "요즘은 예치제도 모르면 계약 못 한다고 봐야 해요."라고 했다. 덕분에 오늘은 뭔가 하나 든든한 보험이 생긴 느낌이다. 내가 낸 돈이 당장 본사로 들어가는 게 아니라, 내 권리를 확인할 수 있을 때까지 잠시 멈춰 있다는 것, 그게 이렇게 안심일 줄이야. 특히 이런 제도가 버젓이 있으면서도 이를 알리지 않고 당장 가맹금을 직접 수령하고, 또 이를 먹튀하는 본사들도 많다고 하니, 역시 법의 보호라는 것은 정말 든든하다는 생각이 들 수밖에 없다.

이제 계약은 이틀 뒤로 다가왔다. 오늘 밤엔 가맹계약서를 다시 읽고, 예치기관에서 받은 서류도 꼼꼼히 챙겨 둬야겠다. 돈을 내는 것도 중요하지만, 돈을 어떻게 '지킬 수 있는지'를 아는 건 더 중요한 일인 것 같다.

KEYPOINT

1. 가맹금 예치의무

가맹금 예치제도는 가맹사업법에 근거하여, 가맹본부가 가맹계약 체결 시 가맹점사업자(또는 가맹희망자)로부터 받는 일정 범위의 가맹금을 직접 수령하지 못하도록 하고, 이를 별도의 예치기관(은행 등)에 예치하도록 의무화한 제도입니다. 이 제도는 가맹본부가 가맹금만 받고 약속된 지원이나 교육, 점포 개설 등을 이행하지 않는 이른바 '먹튀' 피해를 예방하기 위해 도입된 제도입니다.

2. 예치 및 수령절차

가맹본부는 예치기관과 가맹금예치계약을 체결하고, 가맹희망자 또는 가맹점사업자는 가맹금 예치신청서를 작성해 가맹본부가 지정한 예치기관(은행, 우체국, 보험회사, 신탁업자 등)에 가맹금을 예치합니다. 가맹금이 예치되면 예치기관의 장은 예치일부터 7일 이내에 그 사실을 가맹본부에 통지해야 합니다.

이후, 가맹본부는 가맹점사업자가 영업을 개시하거나, 가맹계약 체결일로부터 2개월이 경과한 경우 예치기관에 예치가맹금의 지급을 요청할 수 있습니다. 예치기관은 요청일로부터 10일 이내에 가맹본부에 예치가맹금을 지급해야 합니다.

3. 가맹금 예치제도가 적용되지 않는 경우

가맹사업법에 따라, 가맹본부가 가맹점사업자피해보상보험에 가입한 경우(주로 SGI서울보증 등), 예치의무가 면제되어 가맹금을 직접 수령할 수 있습니다.

또한 계약 갱신, 가맹점 양도(주의: 가맹점 양수도 계약의 내용에 따라 다를 수 있음), 영업 개시 후 가맹금 지급 등, 최초 창업이 아닌 경우에도 예치의무가 없습니다.

4. 예치가맹금의 지급보류 및 지급거부

(1) 지급보류

예치기관은 가맹희망자나 가맹점사업자가 예치가맹금 반환을 위해 소송(소)을 제기한 경우, 예치가맹금 반환을 위한 알선, 조정, 중재 등 분쟁 해결 절차를 신청한 경우, 가맹금 반환 관련 규정 위반을 이유로 가맹본부를 공정거래위원회에 신고한 경우에는 가맹본부의 지급요청이 있더라도 지급을 보유하여야 합니다.

가맹점주가 지급보류를 신청하기 위해서는 지급보류 사유가 발생한 사실을 증명하는 서류를 첨부하여 예치가맹금지급보류요청서를 예치기관의 장에게 제출해야 합니다.

(2) 지급거절

예치기관은 가맹본부가 거짓이나 그 밖의 부정한 방법으로 예치가맹금의 지급을 요청한 경우에는 지급요청을 거부하거나 그 내용의 변경을 요구할 수 있습니다.

5. 위반시 법적 제재

가맹본부가 예치의무를 위반하여 가맹금을 직접 수령할 경우, 2년 이하의 징역 또는 5천만 원 이하의 벌금, 과징금(직전 3년간 가맹사업 매출액의 2% 이내) 등 행정 · 형사상 제재를 받을 수 있습니다.

4-3 내 가맹금을 돌려줘! (가맹금 반환 청구)

2025년 7월 1일, 맑음

처음 본사를 만났을 땐 모든 게 순조로웠다. 본사는 친절하고 응대도 빠르고, 시스템도 잘 잡힌 듯 보였다. 정보공개서와 인근가맹점 현황문서도 받았고, 예상매출액 산정서까지 전달 받았을 땐 '이제 정말 시작이구나.' 싶었다. 본사에서는 이 점포면 월 매출이 최소 2천만 원은 나올 거라고 했고, 그 말을 곧이곧대로 믿었다.

그런데 문득, 뭔가 이상하다는 생각이 들었다. 단순한 호기심이었는지, 예비 사장으로서의 책임감이었는지 모르지만, 나는 직접 인근 가맹점을 하나하나 돌아다녀 보기로 했다. 그리고 거기서 모든 의심이 시작됐다.

내가 입점하려던 점포는 대로변도 아니고, 규모도 10평 남짓이다. 그런데 예상매출을 산정한 기준이 된 인근 매장들은, 모두 30~50평 이상 되는 대형 매장이었다. 인테리어도 훨씬 고급스럽고, 유동인구도 많은 지역. 그야말로 다른 세계의 가게들이었다.

결정적으로 화가 난 건, 예상매출액 산정서 어디에도 점포 면적이나 상권 규모 차이에 대한 언급이 없었다는 점이다. 단순히 매출 평균만 내서, "이 지역이면 대충 이 정도 나옵니다."라고 말한 셈이다. 말이 좋아 예상치지, 사실상 과장된 매출 유인자료였다.

혹시 내가 과민반응한 건 아닐까 싶어, 정보공개서와 인근가맹점 현황 문서도 다시 꼼꼼히 읽어봤다. 그런데 거기서 더 큰 충격이 있었다. 최근 1년 내 폐점한 인근 가맹점의 존재가 아예 누락되어 있었던 것이다. 가맹본부는 분명 관련 법령에 따라 모든 폐점 정보를 포함해야 할 의무가 있는데도, 의도적으로 누락한 게 분명해 보였다.

그 순간, 깨달았다. 이 계약은 하지 말아야 한다는 걸. 나는 곧바로 가맹금 반환을 신청했다. 가맹본부 측에서는 연락이 와서 왜 그러냐며 물었지만, 이미 마음은 정해져 있었다. 아직 본격적으로 점포를 오픈하기 이전이라 쉽게 가능할 것으로 믿었지만, 그건 내 희망 사항에 불과했다. 가맹금으로 먹고사는 가맹본부에게는 결국 매출의 큰 감소를 의미하는 것이라, 이에 쉽게 응하지 않았다.

나는 서면으로 '내가 왜 가맹금을 반환받아야 하는지.', '가맹본부가 무엇을 잘못했는지.'를 꼼꼼하게 작성하기 시작했다. 어차피 가맹금 반환은 서면으로 요청해야한다는데, 꼼꼼하고 따지기를 좋아하는 나한테는 오히려 서면 작성은 너무 좋은 상황이다. 서면으로 요구를 받은 가맹본부는 결국 가맹금을 돌려주었다. 순탄치는 않았지만, 내가 인근 가맹점을 돌아보고, 공정거래위원회에 등록된 정보공개서와 내가 받은 정보공개서를 직접 비교해가면서, 어떤 부분이 잘못되었는지를 상세하게 적은 보고서를 첨부하면서, "가맹금을 돌려받기 위해 공정위에 신고까지 불사하겠다."라고 하자, 가맹본부는 긴말하지 않고 가맹금을 돌려주었다.

이제 나, 조리왕은, 프랜차이즈 간판이 아닌 나만의 이름을 단 작은 식당을 준비하기로 했다. 어렵고 불안한 길일지도 모르지만, 조작된 자료보다도 내 두 발로 뛰며 확인한 현실이 더 믿음직스럽다.

KEYPOINT

1. 가맹금 반환 사유(가맹사업거래의 공정화에 관한 법률 제10조 제1항)

(1) 정보공개서 제공의무 위반

가맹본부가 정보공개서를 제공하지 않았거나, 정보공개서를 제공한 날부터 14일(법률 전문가 자문 시 7일)이 지나지 않은 상태에서 가맹금을 수령하거나 가맹계약을 체결한 경우. 이 경우, 가맹계약 체결 전 또는 체결일부터 4개월 이내에 반환을 요구해야 합니다.

(2) 허위 · 과장 정보제공 등 금지 위반

가맹본부가 허위 · 과장된 정보, 중요사항 누락 등으로 가맹희망자에게 정보를 제공한 경우. 이 경우 계약체결 전에 반환을 요구하거나, 이미 계약이 체결되었다면 허위 · 과장 정보나 중요사항 누락이 계약 체결에 중대한 영향을 준 것으로 인정되는 경우에 한하여 가맹점사업자는 계약 체결일부터 4개월 이내에 반환을 요구해야 합니다.

(3) 정당한 사유 없이 가맹사업의 일방적 중단

가맹본부가 정당한 사유 없이 가맹사업을 일방적으로 중단한 경우, 가맹점사업자는 가맹사업 중단일부터 4개월 이내에 반환을 요구할 수 있습니다.

2. 반환 요구 방법 및 절차(가맹사업거래의 공정화에 관한 법률 시행령 제10조)

(1) 서면 요구

반환을 요구하려면 주소, 성명, 반환 사유, 반환 대상 가맹금액 등 법령이 정한 사항을 기재한 서면으로 가맹본부에 제출해야 합니다.

(2) 반환 기한

가맹본부는 반환 요구를 받은 날부터 1개월 이내에 가맹금을 반환해야 합니다

3. 반환금액의 범위 및 대상(가맹사업거래의 공정화에 관한 법률 제10조)

반환액은 지급한 가맹금 전액이 아닐 수 있습니다. 반환 금액 산정 시, 가맹계약의 체결 경위, 지급된 금전의 성격, 계약기간 및 이행기간, 당사자의 귀책정도 등 여러 사정을 종합적으로 고려합니다. 실무적으로 분쟁이 발생할 수 있으므로, 반환 청구 시 전문가의 조력을 받는 것이 권장됩니다.

05

가맹점 개업을 위한 준비: 임대차 계약 체결하기

박미용 / 35세 / ESFJ

서울 번화가에서 〈오늘도 머리 예쁨〉 미용실을 운영하는 박미용 원장! ESFJ답게 성실하고 사람 챙기는 데 누구보다 진심이라, 조금 허술해 보여도 단골 손님부터 후배 디자이너까지 "원장님 덕에 못 떠난다" 하고 옆에 붙어 있을 정도로 든든한 스타일의 점주랍니다. 미용 업계에서 15년간 악착같이 모은 돈으로 만든 가게라, 계약서 한 줄도 그냥 넘기는 법이 없이 열심히 공부하는 노력형 점주. 법이든 계약이든 서툴면 좀 어떤가요?

모르면 배우고, 동료 점주들이랑 머리를 맞대서라도 기어코 내 권리는 내 손으로 지켜내는, 그래서 더 믿음직한 박미용 원장님입니다!

5-1 전차인으로 계약해도 문제없을 줄 알았는데, 이렇게 보호를 못 받을 줄이야 (전대차계약의 함정)

2025년 3월 27일, 바람

드디어 내 미용실을 운영해 보기로 결심한 이 역사적인 날, 이 감동을 글로 남긴다. 15년 동안 정말 악착같이 버티고 배웠다. 처음엔 청소만 하던 막내였는데, 미용 학원을 다니며 밤새 머리 스타일을 연구하고, 쌈짓돈을 모아 가발을 사서 커트연습도 하고, 박봉을 받으며 언젠간 반드시 내가 원장인 미용실을 차리리라 마음을 먹었던 때가 바로 엊그제 같은데. 그 동안 수고 많았다, 박미용!

원래는 조그맣게 동네 단골 위주인 1인 미용실을 차리려고 했다. 그런데 날 따르는 후배들이 "선배, 잘 나가는 미용 프랜차이즈로 해서 크게 해봐요!"라며 같이 해 보자고 권유하는 바람에 나도 마음이 움직였다. 결국 유명한 프랜차이즈 헤어샵 〈오늘도 머리 예쁨〉 가맹점을 운영해 보기로 하고, 다음주 화요일에 가맹상담을 받기로 했는데 너무 떨린다.

2025년 4월 1일, 바람

오늘은 기다리고 기다리던 가맹본부와의 가맹상담을 했다. 그런데 돌아오는 길이 왠지 모르게 찜찜했다. 가맹계약 의사를 밝히면 정보공개서랑 가맹계약서를 배부하고 생각할 시간을 준다고 들었는데, 담당자는 상가계약서부터 들이밀며 '마침 좋은 장소가 나와 있으니, 얼른 상가계약을 체결하고 인테리어부터 합시다!'라고 하는 것이 아닌가.

이러다가 내가 15년간 일하면서 모은 피 같은 돈을 날리겠다 싶어서, 〈가사모〉에서 만난 강점주 사장님에게 연락을 해 보았다. 그랬더니 강점주 사장님은 기겁을 하며, "무조건 정보공개서랑 가맹계약서부터 꼼꼼히 보시고, 그 다음에 임대차계약을 체결하셔야죠! 안 그러면 나중에 권리금이랑 인테리어 비용을 낸 것이 아까워서 사장님께 불리한 가맹계약도 억지로 하게 돼요."라고 하는 것이었다.

강점주 사장님은 덧붙여서, "혹시 그 상가 계약이 임대차 계약인지, 전대차 계약인지 확인은 하셨어요?"라고 물어보았다. 전대차 계약이라니? 전대차 계약이라는 용어를 처음 들어 보았던 나는 본사로부터 받은 상가계약서를 펼쳐 들었다.

그런데 계약서 끝을 보니, 마지막 장에 '전대인: 본사 골져스헤어㈜,

전차인: 박미용' 이렇게 적혀 있는 것이 아닌가!

이를 확인한 나는 바로 인터넷을 통해 전대차 계약이 무엇인지 찾아보았다. 임대인의 동의가 없는 전대차 계약의 경우에는 언제든지 해지될 수가 있으며, 갱신청구권도 제대로 보장 받지 못할 수도 있다고 한다. 심지어 보증금 반환이나 권리금 회수가 어려워지는 문제도 발생할 수 있다고 하니, 임대인 동의가 없다면 전대차 계약은 무조건 피해야 하는 것이다.

심지어 임대인이 전대차에 동의를 하였다고 하더라도, 본사가 임대차 계약을 연장하지 않거나 월세를 미납하는 경우에도 문제가 발생한다. 임대차계약이 종료되면, 전대차계약도 자동으로 종료되기 때문이다. 이런 경우에는 나는 하루아침에 가게를 내놓고 나와야 한다. 가게에 투입된 비용은 물론, 그때까지 키워 온 단골을 잃게 되는 것이다. 미용실 단골 손님은 한번 마음에 들었다 하면 5년이고 10년이고 계속 찾아오는데, 가게를 옮기는 바람에 단골을 잃을 수 있다니 안 될 말이다.

본사만 믿고 따라가면 별다른 신경을 쓰지 않고 미용실을 운영할 수 있을 줄 알았는데, 처음부터 단추를 잘못 끼울 뻔했다.

2025년 4월 2일, 흐림

어제 임대차 계약 체결 전에 정보공개서와 가맹계약서를 받아야 한다는 것과 함께 전대차 계약이라는 것이 무엇인지 알게 된 나는 분노에 차서 본사 담당자에게 연락을 했다.

"정보공개서랑 가맹계약서부터 주세요. 그리고 점포는 직접 알아보겠습니다." 그랬더니 담당자는 "보통 다들 이렇게 하세요~ 하루라도 빨리 개업하시는 것이 좋으시니, 한번 제안 드려 봤어요. 아무래도 인테리어를 하는데 시간이 많이 소요 되니까요."라고 했다. 언뜻 달콤해 보이는 제안이지만, 나중에 큰 문제가 될 수도 있다고 하니 이런 제안을 한 본사가 괘씸했다. 그래도 본사로부터 받은 정보공개서와 가맹계약서에는 큰 문제는 없는 듯 해서 일단 두고 보기로 했다.

직접 점포를 알아보고 임대차계약을 체결하는 것은 귀찮은 일이니, 본사가 알아서 다 해준다고 했을 때 좋았는데. 그래도 내가 앞으로 몇 년, 몇 십 년을 운영해야 할 내 가게니까, 발품을 팔아 상권이 좋은 곳을 찾고 내가 직접 계약하는 것이 맞는 것 같다. 내일부터 괜찮은 상가를 물색해 봐야지.

KEYPOINT

상가 계약, 임대차인지 전대차인지 확인하고 계약하세요

전대차 계약이란?

전대차 계약은 임차인이 임대인에게 빌린 점포를 제3자에게 다시 빌려주는 계약을 말합니다. 임대인과 임차인과의 관계는 그대로 유지되면서, 임차인(전대인)과 전차인 사이에 새로운 임대차 관계가 형성이 되는 것입니다.

임대차계약 전대차계약
건물주(임대인) ———— 본사(임차인, 전대인) ———— 점주(전차인)

임대인 동의가 없는 전대차 계약의 위험성

- 임차인은 임대인의 동의 없이 그 권리를 양도하거나 임차물을 전대하지 못하며, 이를 위반한 때에는 임대인은 계약을 해지할 수 있습니다(민법 제629조).
- 이 경우 전차인이 상가건물을 점유하는 것은 임대인에 대해 불법점유가 되므로, 임대인은 전차인에게 소유권에 기하여 상가건물의 반환을 청구할 수 있습니다(민법 제213조 및 제214조).
- 임대인의 동의 없이 전대를 한 경우 임대인은 임차인의 계약갱신 요구를 거절할 수 있습니다(상가임대차보호법 제10조 제1항 제4호).
- 임대인 동의가 없었다면, 임대인과 임차인이 합의로 임대차계약을 종료하더라도 전차인은 아무런 대항을 할 수 없습니다.

권리금 회수기회 보호의 문제

- 임대인의 동의를 받은 전대차 계약은 계약 갱신청구권을 보장 받을 수 있지만, 권리금 회수기회의 보호를 받지는 못해요. 그렇기 때문에 가능하다면 임대차 계약을 직접 체결하시기를 권고 드립니다.

5-2 보증금 회수를 위해 준비해 두어야 할 것들 (대항력과 우선변제권 취득)

2025년 4월 21일, 맑음

오늘은 드디어 마음에 쏙 드는 상가 건물을 발견해서 행복했던 하루였다. 임대차 계약을 체결하기에 앞서 부동산 등기부등본도 발급 받아 꼼꼼히 확인해 보았다. 그런데 등기부등본을 보고 있으려니, 문득 서울에 갓 상경해서 처음으로 자취를 시작했던 스무 살 무렵의 내 모습이 떠올랐다.

그때 나는 미용실 막내로 허드렛일을 시작하면서 전세집 하나를 겨우 구했었다. 당시에는 대항력이 뭔지, 우선변제권이 뭔지도 전혀 모른 채 덜컥 이사를 했었지. 전입신고를 해야 하는 줄도 몰라 한 달이나 미뤘는데, 그 사이에 집주인이 집을 담보로 사업 자금을 대출 받아 근저당권을 설정해 버렸다. 그 후 1년만에 망하는 바람에 집이 경매로 넘어갔는데, 보증금을 돌려받지 못할 수도 있다는 말을 들었을 때의 그 암담함은 다시는 겪고 싶지 않다. 결국 나는 순서가 밀려 보증금의 반도 못 돌려 받았었다. 그때 뼈저리게 배웠었지. 내 보증금을 지켜줄 힘을 확보해 두지 않으면, 법이 있어도 소용 없다는 것을.

상가도 비슷하게 보호해 주는 법이 있을 것 같아서 알아보니, 상가는 상가임대차보호법으로 보호를 받는단다. 그런데 법이 있다고 마냥 안심할 것은 아니었다. 보증금을 지키기 위해서는 대항력을 갖추고, 우선변제권을 취득해야 하기 때문이다.

알아보니, 내 보증금을 지키려면 첫째, 상가건물을 인도 받고, 둘째, 사업자등록을 신청해서 대항력을 갖춰야 한다. 그래야 나중에 상가를 인수한 새 건물주가 나타나도, "이 가게는 내가 임차한 가게!"라고 주장할 수 있는 것이다. 그리고 임대차계약증서상의 확정 일자까지 받아 두면, 상가가 경매나 공매로 넘어가도 우선변제권이 생겨서 다른 채권자들보다 먼저 보증금을 돌려 받을 수 있다.

처음엔 대항력이니 우선변제권이니 말이 너무 어려웠는데, 정리해 보니 결국은 간단했다. 건물을 인도 받고, 사업자등록을 신청한 뒤 확정일자까지 받아 두면, 내 보증금을 보호할 수 있는 최소한의 힘이 생기는 것이다.

물론 상가건물에 이미 근저당권이 너무 크게 잡혀 있으면, 그 환가대금에서 내 몫이 없을 수도 있다. 그러니 근저당권 설정 금액과 임차보증금을 합한 금액이 건물 가격을 넘는다면, 그 자리는 다시 생각해봐야 한다.

사실 임대차계약 체결 후에 임대인이 상가건물임대차 등기를 설정해 주기만 한다면, 대항력이니 우선변제권이니 생각할 필요도 없는데… 현실에선 상가건물임대차등기를 설정해 주는 임대인을 만나기가 워낙 어려워서 문제다.

2025년 4월 27일, 맑음

오늘은 〈가사모〉 단톡방에서 안타까운 소식을 들었다. 친하게 지내던 테이크아웃 커피 가맹점을 운영하던 최 사장님이 결국 가게를 접게 되었단다. 워낙 친하게 지냈던 분이라 마음이 쓰여, 최 사장님에게 바로 전화를 걸어 보았다.

근데 최 사장님은 얘기를 하시다가 갑자기 울먹이시며, "임대인 빚이 많아 건물이 경매로 넘어가게 생겼다."라고 하는 것이었다. 그동안의 적자도 만만치 않았는데, 적어도 보증금이랑 권리금은 회수해야 한다고.

최 사장님의 가게 보증금은 3천만 원이라고 한다. 순간 내가 열심히 공부했던 내용들이 떠올랐다. 최 사장님은 소액임차인으로 최우선변제를 받을 수 있을 것 같은데?

확인해 보니, 다행히 최 사장님은 대항력과 우선변제권도 갖추고 계셨다. 그래서 바로 "사장님, 서울 지역은 6천 5백만 원 이하 보증금을 내고 임차를 한 경우 소액임차인으로 봐요. 사장님 보증금이 3천만 원이니, 2천 2백만 원까지는 최우선으로 돌려받으실 수 있겠는데요?"라고 말했다.

그러자 최 사장님은 너무 막막했는데, 한번 알아봐야겠다고 하시면서 고맙다고 하셨다. 나를 위해 열심히 공부했던 것들이었는데, 누군가에게 이렇게 도움이 되다니 괜히 뿌듯했던 하루였다.

KEYPOINT

보증금 회수를 위해 확보해야 할 권리, 대항력과 우선변제권

"대항력"이란?

- 대항력은 임차인이 제3자, 즉 임차상가건물의 양수인(그 밖에 임대할 권리를 승계한 자 포함)에게 임대차의 내용을 주장할 수 있는 법률상의 힘을 말합니다(상가건물 임대차보호법 제3조 제2항).
- 임대차는 그 등기가 없는 경우에도 임차인이 ① 상가건물을 인도받고 ② 사업자등록을 신청하면 그 다음날부터 대항력이 생깁니다(상가건물 임대차보호법 제3조 제1항).
- 대항력을 갖춘 상가건물 임차인은 임차상가건물이 다른 사람에게 양도되더라도 새로운 상가건물소유자에게 계속해서 임차권의 존속을 주장할 수 있습니다(상가건물 임대차보호법 제3조 제2항 참조).

"우선변제권"이란?

- 우선변제권은 「상가건물 임대차보호법」상 임차인이 임차보증금을 우선 변제받을 수 있는 권리를 말하며, 임차인이 ① 건물의 인도, 사업자 등록신청과 ② 임대차계약증서상의 확정일자를 갖춘 경우에 인정됩니다.
- 우선변제권이 있는 임차인은 임차상가건물이 경매 또는 공매시 임차건물(임대인 소유의 대지 포함)의 환가대금에서 후순위권리자나 그 밖의 채권자보다 우선하여 보증금을 변제 받을 권리가 있습니다(상가건물 임대차보호법 제5조 제2항, 대법원 2006. 1. 13. 선고 2005다64002 판결).

소액임차인의 최우선변제권 행사

- 소액임차인은 임차상가건물에 대한 경매신청의 등기 전에 대항요건을 갖춘 경우에는 보증금 중 일정액을 다른 담보물권자보다 우선하여 변제받을 권리가 있습니다(상가건물 임대차보호법 제14조 제1항).
- 소액임차인은 임차인의 보증금이 아래의 지역별 보증금액에 해당되는 경우를 의미합니다(상가건물 임대차보호법 시행령 제6조).
  - ✓ 서울특별시: 6천 5백만 원 이하
  - ✓ 「수도권정비계획법」에 따른 과밀억제권역(서울특별시 제외): 5천 5백만 원 이하
  - ✓ 광역시(「수도권정비계획법」에 따른 과밀억제권역에 포함된 지역과 군지역은 제외), 안산시, 용인시, 김포시 및 광주시: 3천 8백만 원 이하

✓ 그 밖의 지역 : 3천만 원 이하

✓ 보증금 외에 차임이 있는 경우에는 월 단위의 차임액에 100을 곱하여 보증금과 합산한 금액이 보증금으로 됩니다(상가건물 임대차보호법 제2조 제2항, 같은 법 시행령 제2조 제2항 · 제3항 및 제6조).

※ 과밀억제권역에 해당되는 지역은 서울특별시, 인천광역시(강화군, 옹진군, 서구 대곡동 · 불노동 · 마전동 · 금곡동 · 오류동 · 왕길동 · 당하동 · 원당동, 인천경제자유구역 및 남동 국가 산업단지는 제외), 의정부시, 구리시, 남양주시(호평동 · 평내동 · 금곡동 · 일패동 · 이패동 · 삼패동 · 가운동 · 수석동 · 지금동 및 도농동에 한함), 하남시, 고양시, 수원시, 성남시, 안양시, 부천시, 광명시, 과천시, 의왕시, 군포시, 시흥시(반월특수지역은 제외)입니다(규제 「수도권정비계획법」 제2조 제1호, 「수도권정비계획법 시행령」 제2조, 별표 1).

– 소액임차인이 최우선변제를 받을 수 있는 금액은, 그 보증금 중 다음의 어느 하나에 해당하는 금액 이하입니다. 이 경우 우선변제 금액이 상가건물가액의 2분의 1을 초과하는 경우에는 상가건물가액의 2분의 1에 해당하는 금액에 한합니다(상가건물 임대차보호법 시행령 제7조 제1항 및 제2항).

✓ 서울특별시 : 2천 2백만 원

✓ 「수도권정비계획법」에 따른 과밀억제권역(서울특별시 제외) : 1천 9백만 원

✓ 광역시(「수도권정비계획법」에 따른 과밀억제권역에 포함된 지역과 군지역은 제외), 안산시, 용인시, 김포시 및 광주시 : 1천 3백만 원

✓ 그 밖의 지역 : 1천만 원

5-3 처음엔 나가라고 하더니, 차임을 이렇게나 많이 올린다고? (임대차계약 갱신과 차임 인상)

2027년 2월 2일, 한파

요즘 들어 가게 문을 열 때마다 괜히 마음이 뭉클하다. 머리 시술을 받고 만족한 손님이 이제는 한 달에 한 번씩 꼬박꼬박 예약하고, 그 손님이 친구나 가족을 데려와 또 단골이 되고, 아는 얼굴이 늘어갈 때마다 '내가

지난 2년간 정말 열심히 잘 해 왔구나.' 싶어 뿌듯하다.

그런데 최근 들어 고민이 생겼다. 임대차 계약 만료를 세 달 정도 앞두고 있는데, 며칠 전 건물주분이 가게로 불쑥 찾아와 "원장님, 이번 계약이 끝나면 가게 좀 비워 주시면 좋겠어요."라고 하셨기 때문이다.

그 말을 듣는 순간 내 단골들이 생각나며 심장이 쿵 내려앉았다. 그동안 월세 한 번 밀리지 않고 꼬박꼬박 잘 냈었는데, 이렇게 갑작스레 나가라고 하다니.

답답한 마음에 친한 점주님의 소개로 알게 된 박변호 변호사님께 전화를 걸어 보았다. 그런데 상황을 설명하자마자, 박변호는 조용히 웃으면서 딱 잘라 말했다.

"점주님, 상가임대차보호법상 임차인은 특별한 문제가 없으면 최대 10년까지는 계약 갱신을 요구할 수 있어요. 이건 상인들이 초기 투자비용을 회수하지도 못했는데 쫓겨나는 것을 막기 위한 최소한의 장치예요."

그러면서 "혹시 월세 연체하신 적은 없으시죠?" 하고 물으셨다. 나는 임대차 계약 당시에 월세를 3기 이상 연체하면 임대차 계약해지 사유가 된다고 들었기 때문에, 매번 꼬박꼬박 신경 써서 월세를 납부했다. 그랬기 때문에 자신있게 월세를 연체한 적이 없다고 대답할 수 있었다.

그러자 박 변호사님은 "아주 잘하셨어요. 이제 당당하게 계약을 갱신하겠다고 말씀하세요. 임대인에게는 정당한 갱신거절의 사유가 없으니, 계약 갱신을 거절하지 못해요."라고 말씀해 주셨다.

그래서 나는 마음을 다잡고 건물주 이임대에게 연락했다.

"건물주님, 저는 이 자리에서 계속 장사를 하고 싶습니다. 주변에서 조언을 들었는데, 10년까지는 계약을 갱신할 수 있다고 하더라고요. 그동안 월세도 한 번도 안 밀리고 꼬박꼬박 냈는데, 부탁드립니다."

그러자 건물주는 난감해 하는 듯 싶더니, 이내 알겠다고 대답했다. 대답을 듣기 전까지 입이 바짝바짝 말랐었는데, 잘 해결돼서 정말 다행이었다.

임대차 갱신 문제는 저번에 끝난 줄 알았다. 그런데 오늘 아침 건물주가 다시 전화를 해서 "원장님, 그럼 차임이라도 좀 올려야 할 것 같습니다. 요즘 상가 임대료가 워낙 많이 올랐잖아요~."라고 하는 것이었다. 그러면서 10%는 올려야 하지 않겠느냐고 말씀을 하셨는데, 듣는 순간 눈 앞이 캄캄했다. 아무리 시세가 올랐다고 해도 10%는 좀 너무하지 않나.

고민하다가, 〈가사모〉 단톡방에 사정을 설명하며 조언을 구했다. 그랬더니 다들 한 목소리로 "상가임대차보호법상 차임은 5% 이상 못 올려요! 그 이상이면 과도한 인상이에요!"라고 하며, 상가임대차보호법 조항까지 찾아서 보내 주었다. 확인해 보니, 정말 차임 인상은 직전 월세의 5%까지만 가능하다고 딱 쓰여 있었다.

그래서 다시 마음을 다잡고 건물주에게 전화를 걸었다.

"사장님, 저도 요즘 물가도 많이 오르고, 상가 시세도 오른 것은 알겠습니다. 그런데 법에서 차임은 연 5%까지만 올릴 수 있다고 되어 있더라고요. 저도 5%까지는 맞춰 보겠습니다만, 그 이상은 가게 사정상 어려울 것 같아요."

말끝이 조금 떨려서 제대로 전달이 되었나 싶었는데, 다행히 건물주는 "그런 규정이 있었느냐."며 민망해 하더니, 그동안은 아내가 관리를 다 해서 몰랐다고 하셨다. 결국 5%만 인상하기로 깔끔하게 정리가 되었다.

〈가사모〉가 아니었다면, 나 혼자 머릿속 복잡하게 끙끙 앓기만 했을 텐데, 정말 다행이다. 〈가사모〉가 최고다!

KEYPOINT

계약갱신 요구권, 알고 행사하자!

계약 갱신 요구

- 임차인은 임대차기간이 만료되기 6개월 전부터 1개월 전까지 사이에 임대인에게 계약갱신을 요구할 수 있습니다. 이 경우 임대인은 정당한 사유가 없는 한 임차인의 계약 갱신 요구를 거절하지 못합니다(상가건물 임대차보호법 제10조 제1항).
- 임차인의 계약갱신 요구는 최초의 임대차 기간을 포함한 전체 임대차 기간이 10년을 초과하지 않는 범위 내에서만 행사할 수 있습니다(상가건물 임대차보호법 제10조 제2항). 즉, 임차인의 계약 갱신 요구로 임대차계약이 갱신되면, 임차인은 최소한 10년간 상가임대차의 존속기간을 보장 받을 수 있습니다.
- 갱신되는 임대차는 전 임대차와 동일한 조건으로 다시 계약된 것으로 봅니다. 다만 이 경우에도 차임과 보증금은 5%의 범위 내에서 증감할 수 있습니다(상가건물 임대차보호법 제10조, 제11조 제1항, 같은 법 시행령 제4조).

계약갱신 거절 사유

임대인은 아래의 사유가 있는 경우 경우 임차인의 계약 갱신요구를 거절할 수 있습니다(상가건물 임대차보호법 제10조 제1항 단서).

1) 임차인이 3기의 차임액에 해당하는 금액에 이르도록 차임을 연체한 사실이 있는 경우
2) 임차인이 거짓이나 그 밖의 부정한 방법으로 임차한 경우
3) 서로 합의하여 임대인이 임차인에게 상당한 보상을 제공한 경우
4) 임차인이 임대인의 동의 없이 목적 건물의 전부 또는 일부를 전대(轉貸)한 경우
5) 임차인이 임차한 건물의 전부 또는 일부를 고의나 중대한 과실로 파손한 경우
6) 임차한 건물의 전부 또는 일부가 멸실되어 임대차의 목적을 달성하지 못할 경우
7) 임대인이 다음의 사유로 목적 건물의 전부 또는 대부분을 철거하거나 재건축하기 위하여 목적 건물의 점유를 회복할 필요가 있는 경우
   - 임대차계약 체결 당시 공사시기 및 소요기간 등을 포함한 철거 또는 재건축 계획을 임차인에게 구체적으로 고지하고 그 계획에 따르는 경우

– 건물이 노후 · 훼손 또는 일부 멸실되는 등 안전사고의 우려가 있는 경우
– 다른 법령에 따라 철거 또는 재건축이 이루어지는 경우

8) 그 밖에 임차인이 임차인으로서의 의무를 현저히 위반하거나 임대차를 계속 하기 어려운 중대한 사유가 있는 경우

PART **02**

프랜차이즈를 잘 운영하는 법

01

불공정거래행위

나의지 / 남성 / 53세 / ENTP

50대 남성 나의지는 군 제대 후 서울로 상경하여 요식업에 종사하다가 한 번 폐업 후 40대에 프랜차이즈 가맹점을 개업하였다. 근면하고 성실한 태도로 주변에서 신뢰를 받는 타입이고, 매사에 신중한 편이다. 나의지의 아버지는 공업단지 내 조그만 가죽 공장을 운영하고 있었고, 공장운영이 힘이 벅차기 시작하자 6남매 중 장남인 나의지가 내심 가업을 이어받길 원하셨다. 하지만 군 제대 후 세상 두려울 것 없는 젊은이였던 나의지는 아버지의 제안을 마다하고 돈 몇푼 쥐고 무작정 서울로 가서 닥치는 대로 요식업 일을 배우기 시작했다.

어느 정도 일을 배우고 난 후 드디어 나의지 명의의 가게를 얻게 된 기쁨도 잠시, 주변에 비슷한 가게들이 생겨나기 시작하더니 경쟁을 이겨내지 못하고 폐업을 하게 되었다. 너무 막막했지만 아내와 아이들을 생각하면서 마음을 다잡았고, 주변 지인들의 권유에 따라 지금까지 모은 돈으로 직장인들과 유동인구가 많은 번화가에서 프랜차이즈 가맹점을 시작하게 되었다.

프랜차이즈가 처음이라 궁금하고 어려운 점이 많았던 나의지는 러닝동호회에서 알게된 가맹점주 사장님들과 가맹점 사장님들의 모임, 〈가사모〉라는 친목모임을 만들었고, 한 달에 한 번씩 만나며 서로의 노하우나 애로사항을 공유해 오고 있다.

1-1 본사가 영업지원도 NO, 계약갱신도 NO라고? 내 매장 지킬 수 있을까? (거래거절)

2025년 1월 15일, 눈

설렘 반 두려움 반으로 가맹점을 오픈한지 어느덧 6년, 주변 경쟁업체들의 텃세도 이겨내고 단골들도 여럿 생기면서 3년 차부터는 매출도 안정적으로 나오기 시작했다. 여전히 바쁘고 힘들긴 하지만 드디어 자영업자로 자리 잡았다는 자부심과 앞으로도 내 가족을 먹여 살릴 순 있겠다는 묘한 자신감이 생겼다.

최근 한 가지 고민이 있다면 신메뉴가 출시되어 손님들 반응이 좋은데 본사에서 물량을 제 때 잘 공급을 안 해주는 것? 정도다. '신메뉴 출시로 본사도 정신없어서 그런 거겠지….'라 생각하며 늘 그래왔듯이 새벽에 출근해서 매장 청소와 재고정리를 하고, 점심에 몰려드는 손님들을 응대하느라 정신없지만 평온한 하루가 반복되고 있었다. 겨우 한숨 돌리고 옆 가게 사장님과 시덥지 않은 농담을 주고받으며 때 늦은 커피를 마시고 있던 그 때, 왠지 모르게 불안한 느낌이 드는 우편물 하나가 가게로 불쑥 들어왔다.

'가맹본부? 3주 전에 본사 담당자랑 통화하면서 매장운영에 별다른 문제 없고 매출도 나쁘지 않다고 얘기했는데 뭔 일이지?'

옆 가게 사장님에게 애써 미소 지으며 별일 아닐테니 걱정말라고 하고 조심스레 우편물을 열어 보니, 너무나도 선명하게 들어오는 글씨에 마음이 쿵! 하고 내려앉고 말았다.

『가맹계약 갱신거절 및 계약종료 안내의 건』

2025년 1월 16일, 맑음

이게 도대체 무슨 일인가 싶어 뜬 눈으로 밤을 새우고 아침에 바로 본사 담당자에게 전화를 걸었다. 몇 번의 연결음 끝에 전화를 받은 담당자는 잠시 머뭇거리다 마치 준비한 것처럼 담담하게 설명을 시작했다.

본사 담당자: 저희 계약 4월 말에 종료되는 거 알고 계시죠? 본사에서 이번에 만 6년 되시는 점주님들에 대한 계약갱신을 검토했는데, 나의지님의 경우 최근 미수금이 발생한 적도 있고 해서 계약갱신 하지 않기로 결정되었습니다.

나의지: 아니, 담당자님. 그때 미수금은 제 개인적 사정으로 일시적으로 매출이 하락해서 그랬던 거고, 본사에서 통지 받고 3일 후에 1천만원 드렸고 나머지 5백만원도 한 달 내에 정리했었잖아요. 하루이틀도 아니고 몇 년 동안 누구보다 열심히 가게 운영했는데 뭔가 이유라도 자세히 설명해 줘야 할 거 아니에요.

본사 담당자: 정말 죄송합니다… 본사 내부방침이라 저도 드릴 말씀이 없네요.

나의지: 아니 진짜 최근에 신메뉴 물품도 제대로 안 보내줘서 내가 따질까 하다가 바쁘셔서 그런가보다고 넘어가려 했는데… 이건 진짜 너무한 거 아니에요?

본사 담당자: 죄송합니다. 필요한 사항은 정산 담당자랑 얘기하시죠.

정신을 차리고 나처럼 오랫동안 가맹점을 운영 중인 사장님들 몇몇 분에게 전화를 돌려보니, 나뿐만 아니라 A 사장님도 오늘 같은 우편물을 받았다고 한다.

2025년 1월 17일, 맑음

흔한 프랜차이즈 가맹점이라고는 하지만 나의 애정과 노력을 쏟은 가게가 문을 닫아야 한다니…. 악몽을 꾸는 건가 싶기도 하다. 같은 처지의 A 사장님을 만나 얘기를 나누다 보니 이대로 가만히 쫓겨 나가는 건 너무 억울하다는 생각이 들기 시작했다.

가게로 돌아와 한 구석에 아무렇게나 두었던 가맹계약서, 본사에서 보내준 서류들을 꺼내어 보기 시작했지만, 종이 가득 적혀 있는 깨알 같은 글씨들을 보려니 머리만 아프고 기억도 가물가물하다. 한참 고민 끝에 가맹점을 20년이나 운영한 친한 동생에게 고민을 털어 놓으니, 동생은 프랜차이즈에 대해 잘 아는 가맹거래사님이 있다면서 명함 하나를 보내 주었다. 이렇게까지 해야 하나 싶어 소개 받은 가맹거래사님 사무실 앞에서 담배를 태우며 잠시 서성이다가, 그래도 여기까지 온 김에 내 억울한 심정이라도 뱉고 가야 속이 풀릴 것 같아서 문을 열고 들어갔다.

흔히 시작이 반이라고 하지 않나. 막상 상담을 시작하고 나니 화가 좀 가라 앉으며 정리가 되는 것 같고, 괴물 같이 보이던 서류들도 가맹거래사님과 같이 하나 둘 살펴보니 이해가 되고 기억도 좀 나는 것 같다.

가맹거래사: 결국 쟁점은 본사가 통보한 가맹계약의 갱신거절이 적법 · 유효한지의 문제인데요. 흠 지금까지 설명해주신 내용을 보니 본사가 미수금 발생했다는 점만으로는 계약갱신을 거절할 특별한 사유가 없어 보이긴 하는데… 뭐 짚이는 것 없으신가요?

나의지: 글쎄요… 본사와 특별히 사이가 나빴던 적도 없고, 본사에서 요청했던 것들은 웬만하면 다 성실하게 지켰거든요. 저희 매장이 매출도 나름 괜찮은 편이었고요.

어느덧 점심시간이라 식사 후 다시 상담을 이어가기로 했다. 밥을 먹다 갑자기 작년 초쯤 타 지역에서 가맹점을 하시는 B 사장님과 통화했던 내용이 불현 듯 머릿속을 스쳐 지나갔다.

B 사장: 사장님 별 일 없으시죠? 다른 게 아니라 최근 본사 경영대표이사가 바뀌었는데 엄청 공격적인 스타일이래요. 본사 영업이익 늘려보겠다고 부하직원들 닦달하고 원가 절감하고… 아무튼 물불 안 가리고 회사 운영하는 사람인가 봐요. 아, 사장님 가게 있는 지역이 매출이 잘 나오니깐 그쪽에 신규가맹점이나 직영점을 공격적으로 막 늘리려는 계획인 거 같던데…."

2025년 1월 18일, 맑음

그러고 보니 본사 담당자가 작년 11월쯤 신규가맹점이나 직영점을 내야 하니 내 영업지역을 변경하는게 어떠냐고 물어봤는데 거절했던 게 기억이 났다…. '아, 그래서 신메뉴 물품도 제대로 안 해준 거였구나….' 남들이 뭘 하든지 내 일만 잘하면 된다고 생각했는데 이렇게 현실이 되고 나니 역시 사람 사는 일이 쉬운 게 하나도 없는 것 같다.

나의지: 가맹거래사님, 점심 먹으며 생각해 보니 하나 좀 걸리는게 있습니다.

가맹거래사: 네 뭔지 말씀해 주시겠어요?

나의지: 본사가 영업이익이 몇 년간 좀 저조해서 작년 초에 외부에서 경영대표이사를 데려오고 공격적으로 사업을 했었거든요. 그래서 작년 말에 본사에서 직영점이나 신규가맹점을 내야하니 저에게 영업지역을 변경해 달라고 요청했는데 거절했던 기억이 납니다. 거절 이후 신메뉴 물품도 제대로 공급을 안해준 것도 그 이유 같아요.

가맹거래사: 아 그렇군요. 혹시 가장 최근에 작성하신 가맹계약서를 좀 볼 수 있을까요?

나의지: 제가 그건 가게에 두고 오긴 했는데, 여기 스캔해 두었던 PDF 파일을 보여 드릴게요. 같이 보시죠.

마지막 갱신계약서를 유심히 보시던 가맹거래사님의 눈길이 어느 곳에서 멈춰있더니, 눈을 반짝이며 내게 신중하면서도 자신감 넘치는 말투로 다시 말을 거셨다.

가맹거래사: 여기 보시죠. 계약서에도 미수금 발생사실만으로 계약갱신을 거절할 수 있다는 조항은 없습니다. 계약갱신을 거절하려면 가맹사업법상 정당한 사유가 있거나 가맹계약서에 근거가 있어야 하거든요.

나의지: 아 그런가요? 저는 어쨌든 잠깐이라도 미수금이 발생했다는 게 좀 걸리긴 했는데 괜찮은 건가요?

가맹거래사: 네, 시정 요구에 대해서도 성실하게 이행하셨으니깐요. 표면적 이유는 미수금 발생으로 인한 신뢰관계 상실이지만, 결국 본사는 영업지역 변경에 동의하지 않은 것에 대한 보복으로 계약갱신 거절한 것 같고, 이건 가맹사업법상 불공정거래행위인 거래거절로 판단될 가능성도 충분히 있습니다. 신메뉴 물품을 제대로 공급을 안 해준 것도 마찬가지예요.

나의지: 알겠습니다. 제 가게를 꼭 지키고 싶습니다. 가맹거래 전문가시니까 잘 좀 도와주세요.

KEYPOINT

- 가맹사업법상 가맹점주는 본사에 최대 10년까지 계약갱신을 요구할 수 있습니다(법 제13조 제2항).
- 가맹점주는 계약만료 전 180일부터 90일까지 계약갱신의 의사를 본사에 통지해야 합니다(법 제13조 제1항).
- 가맹점주가 가맹금 등을 미지급하거나 통상적인 계약조건 및 영업방침을 수락하지 아니하는 경우, 점포 · 설비 확보/면허 · 허가 취득/상품이나 용역의 품질 유지를 위해 필요한 경우 등 본사에게 정당한 사유가 있다면 계약갱신이 제한됩니다(법 제13조 제1항).
- 정당한 사유없이 본사가 계약갱신을 거절하는 것은 가맹사업법상 위법한 '거래거절'로서 불공정거래행위에 해당합니다(법 제12조 제1항 1호).
- 부당한 계약갱신의 거절 외에도 영업지원 등의 거절, 부당한 계약해지도 '거래거절'의 주된 유형입니다.
- 가맹점을 운영하는데 반드시 필요한 용역, 설비, 상품이나 원재료 또는 부재료 등을 지원하지 않거나 물량이나 내용을 현저히 제한하는 것도 '거래거절'에 해당합니다.

1-2 내가 사장인데 내 맘대로 못하는 게 왜 이렇게 많아? (구속조건부 거래 1)

2025년 3월 23일, 비

완연한 봄의 기운이 가득한 한강을 배경 삼아 〈가사모〉 회원들과 러닝을 하고 있었다. 중간에 물을 마시며 쉬고 있는데, 평소 모임에서 분위기 메이커 역할을 톡톡히 하던 성공해 사장의 얼굴이 오늘따라 이상하게 어두워 보인다. 성 사장은 대학에서 축산업을 전공하고 아버지와 함께 돈사를 운영하다가, 최근 돈육전문 고기집을 운영해 보겠다며 프랜차이즈 창업에 뛰어든 20대 후반의 청년이다.

나의지: 성 사장님 요즘 뭐 안 좋은 일 있어요? 오늘 왜 힘이 없어 보여.

성 사장: 앗! 죄송해요. 잠시 뭐 좀 생각하느라 멍을 때렸네요.

나의지: 가게 운영은 잘 되어가요? 그래도 생각보다는 할 만하죠?

성 사장: 흠… 뭐 일이 힘든 건 아닌데요. 본사에서 요구하는 것들이 여러 가지가 있는데 제가 프랜차이즈는 처음이다 보니 어떻게 대응해야 할지 감이 안 와서 고민입니다.

나의지: 그렇군요. 우리 밥이라도 먹으면서 얘기해 볼까요?

근처 중식 프랜차이즈 가게로 들어갔다. 매장도 깔끔하고 회전율도 괜찮아 보이고 무엇보다도 음식 간이 과하지 않아 대중적인 입맛을 사로잡기 딱 좋아 보였다. 한 가지 흠이라면 메뉴 구성이 정리가 안되서 매출에 비해 순이익이 적을 거 같은 느낌…? 밥을 먹으러 왔는데 이런 것만 눈에 띄는 걸 보니 나도 이제 가맹점주로서 잔뼈가 굵어진 느낌이다.

성 사장: 돈육은 제가 잘 알죠. 잡내 제거와 숙성을 잘 시키는 게 핵심이고, 본사에서 납품 오는 고기의 품질에 대해서는 저도 만족하는 편입니다.

나의지: 그럼 어떤 점이 문제예요?

성 사장: 본사에서 고기집 홍보에 필요하니 라이트패널과 전단지를 필수 품목으로 정했는데, 이걸 본사나 특정 업체에만 의뢰를 하게 되어 있습니다. 외부 업체에 견적을 받아서 비교해 봤는데, 퀄리티나 가격면에서 본사나 본사가 지정한 업체가 오히려 더 별로더라고요.

나의지: 다른 업체에 의뢰를 하면 불이익이 있대요?

성 사장: 네 계약갱신거절이나 계약해지가 될 수 있다고 하더라고요. 그리고 이번에 1인 가구를 위한 1인 고기 안주 메뉴가 SNS에서 유행이 돼서 배달앱을 통해 판매를 하고 있는데, 본사에서 권장 판매 가격이라면서 가격을 일방적으로 지정하고 이를 변경하려면 본사의 허락이 있어야 하고, 이를 위반해도 마찬가지로 불이익이 있더라고요.

나의지: 흠 그렇군요. 마침 내가 오늘 저녁에 친한 가맹거래사님과 약속이 있으니 만나면 한 번 자세히 여쭤볼게요.

성 사장: 아 정말요? 신경써 주셔서 감사합니다.

2025년 3월 24일, 맑음

이른 저녁에 가맹거래사님을 만나 식사를 하며 지난번 본사와의 계약 갱신거절 분쟁이 잘 해결된 것에 감사 인사를 드렸다. 식당 TV에서 청년 창업에 대한 이야기가 나오니 낮에 들었던 성 사장의 이야기가 생각나 슬쩍 여쭤보았다. 답변 들은 내용을 혹시나 잊어버릴까봐 담배를 피우러 잠시 밖에 나왔을 때 얼른 전화를 걸었다.

나의지: 주말 저녁이라 바쁠 텐데 전화해서 미안해요.

성 사장: 아닙니다. 오늘은 동생하고 친구들이 일 도와주고 있어서 한결 수월합니다. 어떤 일로 전화 주셨을까요?

나의지: 어제 나한테 말해줬던 내용, 가맹거래사님한테 자세히 설명드리고 조언을 구해 봤거든요. 그거 가맹사업법 위반이 될 수도 있대요.

성 사장: 좀더 자세히 말씀해 주실 수 있을까요?

나의지: 우선은 라이트패널과 전단지 제작을 본사나 특정 업체에만 거래하도록 한 거, 그거는 일단 라이트패널과 전단지 자체가 고기집 운영에 필수적인 품목이라 보기도 어렵고, 더욱이 비용 절감이나 홍보 효과 등도 불확실하다면 문제가 된다네요. 점주들한테 사전에 충분한 동의나 의견을 구한 것도 아니고….

성 사장: 맞아요. 저도 최소한 점주들 의견을 구하고 구체적인 논의가 필요하지 않았나 싶더라고요.

나의지: 그리고 1인 고기 안주 메뉴 배달앱에서 판매하는 것은 가격을 본사가 일방적으로 정하고 점주들에게 지역이나 상권의 특성을 고려한 가격 조정을 못하게 한 것이 문제라고 합니다. 특히 1인 고기 안주 메뉴가 요즘 인기라 고기집들끼리도 경쟁이 치열하다면서요.

성 사장: 네, 제 지인이 다른 브랜드에서 고기집 하고 있는데, 거기도 1인 고기 안주 메뉴가 대유행이라 열심히 상품 구성하고 가격도 그때그때 상황에 맞게 조정해서 판매하거든요.

나의지: 맞아요. 결국은 점주가 장사가 되려면 가격 경쟁력이 있거나 특수성을 살

려야 하는데 본사가 그걸 일률적으로 다 막아 놓은 건 가맹사업법 위반의 소지가 크다고 말씀하셨습니다.

성 사장: 사실 이제 막 개업했는데 대놓고 본사랑 트러블 생기기 싫어서 참고 있었는데, 사장님 말씀 듣고 보니 확실히 문제가 있는 것 맞았네요.

나의지: 네 맞아요. 아 참 제가 오늘 만난 거래사님 명함을 드릴 테니 시간되면 한번 가서 자세히 상담 받아보세요. 저도 최근에 도움을 받았거든요.

성 사장: 네, 정말 감사드립니다.

1-3 돈 많이 드는 인테리어와 필수품목, 무늬만 권장이고 강제? (구속조건부거래 2)

2025년 4월 4일, 맑음

점심을 먹고 나면 졸음이 쏟아지는게 새삼 나도 나이가 들었다는 게 실감이 난다. 오랜만에 한산한 점심시간을 보내고 잠깐 쉬고 있는데 처음 보는 번호로 전화가 걸려 온다. 누굴까 궁금해 받아보니 수화기 너머로 중년 남성의 목소리가 들려왔다.

강신중: 안녕하세요 나의지 사장님 되시죠? 불쑥 전화드려 죄송합니다. 저는 강신중이라 하고, 성공해 사장의 외삼촌입니다.

나의지: 아하, 네, 안녕하세요. 성 사장은 별 일 없이 잘 지내죠? 외삼촌께서 어떤 일로 저에게 연락을 주셨을까요?

강신중: 다름이 아니고 제가 작은 물류 업체를 운영하다가 그만두고 나름 거금을 들여서 아이스크림과 빙수류를 판매하는 프랜차이즈를 시작하게 되었거든요. 본사가 좀 너무한 부분이 있는 것 같아 염치 불고하고 연락을 드리게 됐습니다.

나의지: 네, 어떤 문제인지 들어보고 제가 도울 수 있으면 좋겠네요.

강신중: 먼저 인테리어와 설비 문제인데요. 정보공개서에는 분명히 특정업체가 권장으로 되어 있었는데 막상 계약을 하고 나니깐 그 업체에서 시공을 안하면 불

이익이 있을 거라는 거예요. 또 본사가 필수품목이라면서 지정한 항목을 봤는데 세척제, 집기류, 단순 보관 및 제품 제조를 위한 작업대, 진열장처럼 외부업체에서 공급받아도 충분한 물품들이 포함되어 있더라고요.

나의지: 아 그 문제라면 저도 처음 가맹점 할 때 겪었던 문제네요. 예전에 가맹거래사님에게 상담 받은 자료도 있을 테니까 찾아보고 다시 연락드릴게요!

강신중: 정말 감사합니다!

2025년 4월 5일, 맑음

어제 집에 돌아와 비슷한 문제로 예전에 가맹거래사님께 상담 받고 본사와 협상했던 내용들을 하나씩 살펴보았다. 나의 경우도 본사가 브랜드 이미지가 중요하다며 인테리어·시공업체를 정했는데 알고 보니 그 업체가 본사 대표의 친척이 하는 곳이었다. 그리고 냅킨, 주방용품(가위, 칼, 도마), 양념통, 온도계 같이 별로 중요하지 않은 물품들을 무조건 본사로부터 구매해야 한다고 해서 분쟁이 있었다. 다행히 서로 원만히 합의가 돼서 계약서도 수정하고 그랬었는데… 얼른 이 내용을 전달해 드려야겠다는 생각이 들어 전화를 걸었다.

나의지: 어제 통화했던 나의지입니다. 말씀해 주셨던 상황과 유사한 일을 제가 겪었었거든요. 강 사장님께 어느 정도 도움을 드릴 수 있을 것 같아 전화를 드렸습니다.

김신중: 안녕하세요. 바쁘실 텐데 정말 감사합니다.

나의지: 일단 인테리어 시공 및 설비업체가 '강제'로 지정된 문제는 구속조건부 거래로서 불법이라고 메모가 되어 있네요. 특히 강 사장님 같은 경우 정보공개서에는 특정업체가 권장으로만 적혀있다고 하셨었죠? 그걸 강제하는 것 자체가 불공정거래행위일 가능성이 커요. 본사가 시안이나 도면을 주면 그걸로 충분히 브랜드의 정체성은 유지될 수 있으니까요.

김신중: 아 그렇군요. 필수품목에 대한 부분은 어떨까요?

나의지: 일단 본사가 세척제 등을 필수품목으로 지정하여 거래를 강제하고 있고, 세척제나 집기류는 제품의 맛과 품질, 상표권 등과는 직접적 관련이 없어 가맹점

운영에 객관적으로 필수적인 것으로 보기는 어려울 거예요. 작업대나 진열장 같은 것도 마찬가지고요.

김신중: 의견 감사합니다. 다른 가맹본부 브랜드는 방금 말씀해 주신 사항들을 필수가 아니라 권장품목으로 지정해서 관리하고 있더라고요.

나의지: 네, 저도 그래서 그때 본사랑 그런 내용들 얘기하면서 협상을 했고, 필수품목들로 지정된 것들 중 대부분은 권장품목으로 바뀌고, 인테리어랑 설비업체도 점주가 선택할 수 있도록 바뀌었습니다.

김신중: 정말 감사드립니다. 너무 막막했는데 이제야 좀 해결방안이 보이네요.

KEYPOINT

- 가맹점사업자가 취급하는 상품 또는 용역의 가격, 거래상대방, 거래지역이나 가맹점사업자의 사업활동을 부당하게 구속하거나 제한하는 행위는 '구속조건부 거래'로서 불공정거래행위에 해당합니다(법 제12조 제1항 제2호).
- 가격구속, 거래상대방 구속, 상품 또는 용역의 판매제한, 영업지역 준수강제, 그 밖의 영업활동 제한이 '구속조건부 거래'의 주된 유형입니다.
- 가맹사업법상 구입강제품목과 구입권장품목은 구분되나, 형식은 후자라 하더라도 실질적으로 구입이 강제되는 경우에는 전자에 해당합니다.
- 구입강제품목의 경우, 가맹본부 또는 가맹본부가 지정한 자와 거래를 강제하는 것은 원칙적으로 금지되고, 예외적으로 가맹사업에 필수적이고 상품의 동일성 유지 등을 위하고 정보공개서 및 가맹계약서에 포함된 경우에 한해 허용됩니다(시행령 [별표2] 2. 나. 참조).
- 거래상대방 강제의 경우, 가맹계약서에 거래의 대상이 되는 상품의 종류와 공급가격 산정방식을 필수적으로 기재하여야 합니다(법 제11조 제2항 12호).
- 가맹사업법 시행령 개정으로 인해 2024. 12. 5. 이후부터는 거래상대방의 구속과 관련한 거래조건을 가맹점주에게 불리하게 변경시 협의를 거쳐야 합니다(시행령 [별표2] 2. 나. (4) 참조).

TIP!

- 정보공개서 및 가맹계약서를 통해 가맹본부가 구입강제품목 또는 구입권장품목에 관하여 기재한 사항들을 꼼꼼하게 확인하세요.
- 특히 구입강제품목이 있는 경우, 최대한 구체적이고 자세히 기재되어 있는지 확인하고 '시가'나 '별도 협의'와 같이 모호한 표현은 가급적 지양하여 법적분쟁을 미리 예방하세요.
- 치킨 브랜드의 육계나 소스류, 커피 브랜드의 원두나 케이크류 등은 대표적인 구입강제품목에 해당합니다.
- 인테리어 및 설비의 경우 본사로부터 시안이나 도면을 받아 진행하면 충분하고, 가맹점주는 본사로부터 감리를 받는 방식으로 상품이나 용역의 동일성을 유지할 수 있습니다.
- 가맹계약과는 별개로 인테리어시공 및 설비공급계약을 체결하는 것이 바람직하고, 특히 공사예정기간, 무상하자보수기간, 추가 공사비 발생여부 등을 면밀히 확인해야 합니다.
- 본사로부터 미리 견적서를 받아 불필요한 내용이나 중복된 내용을 제외하고 다른 업체에 인테리어 및 설비 공사를 의뢰하는 것이 비용절감에 도움이 됩니다.
- 가격이나 거래상대방 구속의 경우, 그 내용이 정보공개서와 가맹계약서에 충분히 기재되어 있는지 반드시 확인하세요.
- 참고로 법원판례와 공정거래위원회 심결례에 따라 구입강제품목이 아니라고 판단된 사례는 아래와 같습니다.

KEYPOINT

〈필수품목 불인정 사례〉

- 김밥 가맹사업에서 중심상품인 김밥 등의 맛이나 품질과 직접적인 관련이 없을 뿐 아니라 가맹사업의 동일성을 위해 가맹본부가 특별히 주문생산한 물품이 아니고 시중에서 이와 동일 또는 유사한 물품을 용이하게 구매할 수 있어 임의로 구입하더라도 가맹사업의 통일적 이미지 확보와 상품의 동일한 품질을 보증하는 데 지장이 없는 소독용품, 주방용세제, 장비세척제, 위생용품, 청소용품, 국물용기, 반찬용기, 마스케어 등 일반공산품
- 패스트푸드 가맹사업에서 가맹사업의 통일적 이미지나 중심상품인 패스트푸드의 맛과 품질의 동일성과 관련이 없고, 가맹본부가 품질기준을 제시하고 이를 자유롭게 구매하게 하더라도 용도나 기능에 지장이 없는 1인의자, 테이블, 바(Bar)의자, 금전등록기, 전산장비(PC) 등 설비 · 장비
- 커피 가맹사업에서 시중구매가 가능하고 독창성을 인정하기 어려워 가맹사업에 필수적이거나 거래가 강제되지 않을 시 가맹본부의 상표권 보호와 상품의 동일성 유지가 어렵다고 보기 어려운 라탄의자, 라탄소파, 테라스 의자, 흡연실 의자 등 가구류
- 치킨 가맹사업에서 중심상품의 맛과 품질에 직접 영향을 미치는 고유한 양념 제조비법 등에 해당되지 않고, 동일 서비스를 제공하는 업체가 시장에 다수 존재하는 해충방제서비스 등 용역
- 치킨 가맹사업에서 가맹사업 경영을 위한 필수적이고 객관적인 상품이라고 보기 어렵고, 가맹본부가 정해 놓은 품질기준이나 사양이 존재하지 않고 특별히 주문제작한 상품도 아니어서 임의로 구입하더라도 가맹사업의 통일적 이미지 확보와 상품의 동일한 품질을 보증하는 데 지장이 없는 냅킨, PT병, 대나무포크 등 부자재 및 가위, 칼, 도마, 국자, 바구니, 저울, 타이머, 양념통, 온도계 등 주방집기
- 김밥 가맹사업에서 가맹본부가 자체적으로 제작하였으나 시중에서 이와 동일 또는 유사한 물품을 쉽게 구할 수 있고, 가맹본부가 규격과 재질을 특정하여 요구하더라도 가맹사업의 통일적 이미지 확보와 상품의 동일한 품질보증을 구현할 수 있는 만두찜 종이 등 부자재

참조판례 및 심결례

공정거래위원회 2023가조2008, 2025. 4. 22. 의결

공정거래위원회 2022전사0783, 2025. 3. 5. 의결
공정거래위원회 2022가조1467, 2024. 10. 25. 의결
공정거래위원회 2020서경1330, 2022. 5. 30. 의결
공정거래위원회 2016가맹3583, 2018. 1. 17. 의결
대법원 2018. 11. 9. 선고 2015두59686 판결

1-4 모바일 상품권 할인, 점주가 부담하는게 맞는거야? (거래상지위남용 1)

2025년 5월 3일, 안개

김성실 사장님의 경우 작년 프랜차이즈 박람회에 갔다가 우연히 알게 된 분인데, 원래는 커피를 좋아해서 젊었을 때는 바리스타로 일하다가 광역시에서 프랜차이즈 카페 창업까지 하게 되었다고 한다. 워낙 조용한 성격으로 〈가사모〉 모임 때도 말수가 적은 편이라 개인적으로 친하다거나 자주 연락을 하는 사이는 아니지만, 누군가 어려운 점을 얘기하거나 도움을 청하면 자신의 경험과 노하우를 아낌없이 알려 주는 좋은 성품을 지닌 분이라는 것은 잘 알고 있다. 지금 운영하시는 매장은 대학가와 술집들 근처에 있어 대학생들이나 젊은 커플들이 주된 고객이라고 한다. 매장 근처에 카페들이 많이 생겨 경쟁이 치열하지만, 그래도 남편분과 함께 쉬는 날도 없이 열심히 일하신다고 들었다.

매달 첫째 주 토요일에는 〈가사모〉 정기 모임이 열리는데, 이번 모임에서 단연코 많은 이야기가 나온 주제는 모바일 상품권이었다. 특히 F&B 업종에 계신 사장님들 입장에서는 이 모바일 상품권이 사실 달갑지만은 않은 모양이다. 홍보와 매출 증대를 위해서는 좋긴 한데 카드보다도 수수료율이 높고 결국 본사랑 돈 얘기를 해야하니 점주 입장에서는 부담된다고 한다. 그리고 어떤 사장님은 굳이 프로모션이 필요하지 않은데도 본사에서 억지

로 시킨다면서 불평을 하기도 했다.

2025년 5월 4일, 안개

여러 사장님들의 모바일 상품권에 대한 얘기들을 들어보니 새삼 가맹점주로 살아남기가 어렵다는 생각에 피곤함이 몰려왔다. 그래도 할 일은 해야지 라고 맘먹고 세무사님에게 이메일로 받은 세금정산 내역을 살펴보던 중 갑자기 이메일 도착 알림이 떴다. 어? 김성실 사장님? 갑자기 무슨 일이시지. 그러고 보니 이번 모임 때 참석을 못하셨는데 무슨 일 있으신가? 약간 불안한 마음에 서둘러 도착한 이메일을 열어 보았다.

보낸 사람: 김성실
받는 사람: 나의지
날짜 : 2025. 5. 4. 오후 8시 45분
제목 : 본사와 트러블에 대해 조언을 구하고 싶습니다.

안녕하세요 나의지 사장님
갑작스런 이메일로 놀라셨을 텐데 사실 전화나 카톡을 드릴까 하다가 혹시 부담스러워 하실까봐 고민 끝에 이렇게 이메일로 먼저 설명을 드리고 싶어서요^^;
모임 때 인사만 몇 번 드리고 따로 얘기를 나눈 적도 없는데 당황스러우시겠지만, 나 사장님께서 저희 모임 멤버 중에 프랜차이즈 경험이 제일 오래 되셨으니 조언을 구하고 싶네요. 특히 지난 모임 때 제가 중요한 다른 일이 있어 참석을 못했는데요. 근데 나중에 다른 사장님에게 들으니 그 때 모바일 상품권에 대한 얘기를 나누셨다고 하더라고요. 저도 최근에 비슷한 일로 본사와 트러블이 있어서 고민입니다.
다름이 아니라 본사가 의논도 없이 배달앱에서 판매하는 커피와 디저트 모바일 상품권의 가격을 일방적으로 할인해서 팔면서 그 차액을 고스란히 점주들에게 부담시키고 있어요… 심지어 옆동네 사장님은 행사에서 제외된 매장인에도 본사가 '마케팅 전략'이라면서 돈을 부담하라고 했다고 하더라고요. 거기까지면 뭐 어떻게든 형사 기간 동안만이라도 버티자 할 텐데… 본사가 업체로부터 받은 돈도 제때 정산 안 해주고 어떤 때는 거의 2달이 걸려서 받기도 하거든요. 그냥 열심히 일할 생각만 했지 이런 경우 본사에게 어떻게 대응을 해야 될지 너무나 막막합니다.
아! 그리고 한가지만 더 여쭤보면, 사업자명의가 남편과 공동명의였다가 제 단독명의로 변경이 필요한데 본사에서 영업양도하는 것처럼 가맹금을 내야한다고 하더라고요. 이게 맞는 건지도 궁금합니다ㅜㅜ
나 사장님께서 프랜차이즈 점주로 오랫동안 활동하셨고, 저희 모임 때도 멘토처럼 여러 가지 조언을 많이 해주시걸 봤던 지라 답답한 마음에 염치 불고하고 이 메일을 드려봤습니다.
감사합니다. 좋은 주말 보내세요~!

2025년 5월 5일, 쌀쌀

어제 받은 장문의 이메일을 다시 읽어 보니 김성실 사장님의 고민과 어려움이 생생하게 보이는 듯해 나도 모르게 짧은 한숨을 내쉬었다. 왜 열심히 하는 성실한 사람들에게 이런 일들이 생기는 걸까… 어떻게 도움을 드려야 할까 고민을 하다가 지난번 모임에서 모바일 상품권 관련해서 비슷한 고민을 얘기했던 A 사장님이 생각이 났고, 매장이 한가한 시간에 얼른 전화를 걸어 보았다.

나의지: 여보세요 A 사장님, 저 나의지입니다. 통화 잠깐 가능하세요?

A 사장: 네, 가능합니다. 무슨 급한 일이라도 있으신 건 아니죠?

나의지: 하하, 다행히(?) 제 일은 아니고요. 저희 모임에 김성실 사장님 아시죠? 바리스타 하시다가 카페 운영하시는, 되게 조용하고 차분하신 분 있잖아요.

A 사장: 오, 알다마다요. 이번 모임에는 안 나오신 것 같던데, 무슨 일 있대요?

나의지: 그 모바일 상품권 관련해서 A 사장님이랑 비슷한 일이 있으셔서 저에게 장문의 이메일을 보내셨더라고요. A 사장님 그때 가맹거래사님과 상담하신다고 했던 게 생각나서 혹시 참고할 만한 내용이 있을까 해서요.

A 사장: 아, 맞아요. 그날 바로 가서 상담 받아 봤는데요. 요즘 모바일 상품권 관련해서 문제가 많아서 분쟁이 많다고 하시더라고요. 결론적으로는 김성실 사장님 같은 경우도 다 불공정거래행위로 신고 가능할 거예요.

나의지: 역시 문제가 있었네요… 좀 더 설명해 주실 수 있나요?

A 사장: 아무래도 본사가 갑의 입장이니까 점주들 입장에서는 웬만한 요청은 수용할 수밖에 없는 상황이고, 이를 이용해서 수수료나 할인 차액만큼을 점주들에게 부담시키고, 상품권 업체로부터 받은 돈을 본사가 지연시키거나 주지 않으면 가맹사업법에 위반되는 거라고 들었습니다. 특히 정보공개서에 미리 고지를 하고 가맹계약을 해야 문제가 없다고 하네요.

나의지: 네, 감사합니다! 도움이 많이 되었습니다. 편안한 밤 되세요.

A 사장님과 통화 후 가맹거래사님에게도 전화를 걸어 명의변경에 대한 것도 여쭤보았다. 단순한 명의변경의 경우 점포 운영의 실질적인 변동이 없음에도 영업양도와 동일하게 가맹금을 받는 것도 불공정거래행위로서 거래상지위남용에 해당할 수 있다고 한다.

서둘러 김성실 사장님에게 이메일로 장문의 답장을 남겼다. 불공정거래행위에 대한 얘기도 있었지만 무엇보다도 같은 점주로서 용기를 가지고 이겨내시라는 따뜻한 위로와 격려를 적어 두었다. 얼마 후 김성실 사장님에게 문자 메시지를 받게 되었는데, 본사측과 깊은 대화 끝에 모바일 상품권 할인비용과 명의변경 시 가맹금 문제가 잘 해결되었고 정말 감사드린다는 내용이었다. 내가 엄청난 일을 한 것도 아니지만 뭔가 마음 속 깊은 곳에서 기쁨과 안도감을 느꼈다.

1-5 부당한 계약조건도 모자라 필요 없는 것들까지 구입해야 한다고? (거래상지위남용 2)

2025년 6월 11일, 비

내가 사는 아파트에서 20년 가까이 근속 중인 경비원 아저씨는 일도 부지런히 잘하시고 인자한 성품으로 주민들의 사랑을 받고 있는 분이다. 나도 가끔씩 커피나 음료로 감사한 마음을 표하면서 안부를 여쭤보곤 한다. 경비원 아저씨로 통일의 사모님은 2년 전쯤 캠핑용품 전문 가맹점을 오픈하셔서 퇴근 후 종종 가게 일을 도와주러 가신다고 들었다.

영업을 마치고 9시쯤 집으로 귀가하면서 인사를 드렸는데, 경비원 아저씨께서 평소와 달리 나를 불러 세우시더니 불쑥 질문을 하셨다.

경비원 아저씨: 나 사장님이 프랜차이즈 하신지가 얼마나 된 거죠?

나의지: 이제 한 7년 정도 되었습니다. 뭐 사모님 가게 관련해서 궁금한 거 있으세요?

경비원 아저씨: 네, 집사람이 캠핑을 워낙 좋아해서 여행도 많이 다녔는데, 어느 날 캠핑용품을 판매하는 프랜차이즈를 해보고 싶다 하더라고요…. 그런데 생각보다 이것저것 챙겨야 할 게 너무 많다 보니 힘든가 보더라고요. 특히 본사가 생긴 지 2년밖에 안 된 회사라 그런지 주먹구구식으로 운영되는 게 많아서… 혹시 괜찮으시면 내일 맥주라도 한잔 하시면서 여쭤봐도 괜찮을까요? 제가 마침 내일 쉬는 날이거든요.

나의지: 그러시군요. 그럼 제가 내일은 좀 일찍 퇴근할 테니 아파트 정문 쪽 맥주집에서 뵐게요.

2025년 6월 12일, 비

가게 뒷정리는 믿을 만한 알바생에게 부탁을 하고 서둘러 퇴근을 했다. 맥주집에 도착하니 인자한 모습의 사모님과 경비원 아저씨가 반겨주셨다. 평일이라 손님이 많지는 않아서 안주와 생맥주 한 잔씩 앞에 두고 이야기를 시작했다.

나의지: 사모님 안녕하세요, 처음 뵙네요. 캠핑용품 전문점이라니 멋지십니다.

사모님: 안녕하세요, 귀한 시간 내주셔서 감사합니다. 제가 숲을 너무 좋아해서 남편이랑 캠핑도 자주 하고 그랬는데, 어쩌다 보니 창업까지 하게 되었네요.

나의지: 네, 그런데 어떤 어려움이 있으신 거예요?

사모님: 제가 본사로부터 물품을 받는데, 점주의 발주가 없어도 본사가 임의로 매장별 구매수량을 정해서 일괄출고를 하거든요. 저희 매장은 그렇게 큰 편이 아니다 보니 수요보다 공급이 많게 돼서 자꾸 손해가 생기더라고요. 정보공개서에도 일괄출고에 대한 얘기는 없었는데… 그리고 모기패드, 빔프로젝터 이런 것까지 왜 본사한테 공급을 받아야 하는지 잘 모르겠어요.

나의지: 그건 좀 불합리하긴 하네요. 가맹거래사님에게 정확히 확인해봐야겠지만, 본사가 거래상지위를 남용한 느낌은 드네요.

사모님: 네, 이것 때문에 작년 초부터 점주들 불만이 많아서 언론 기사도 나오고 그랬나 봐요. 저도 이 부분에 대해 컴플레인을 해도 안 들어주니까 언론에 제보를 하거나 다른 점주들과 공동 대응을 해야 되나 그러고 있었는데, 이번에 갱신된 가맹계약서를 보니까 이런 조항이 있는 거예요.

계약서

제16조(계약의 해지)

① 갑은 다음 각 호에 해당하는 을의 중대한 사유가 발생하였을 경우 을과의 계약을 즉시 해지할 수 있다.

6. 당사의 경영방침이나 영업매뉴얼을 준수하지 않거나 법령위반을 하거나 사실 또는 허위사실을 유포함으로써 본부의 명성이나 신용을 훼손하는 경우

계약서를 살펴보니 기존에는 '허위사실' 유포만 계약해지 사유로 정하고 있었는데, 갱신된 계약서에는 '사실' 유포의 경우에도 계약해지 사유로 되어 있었다. 이 부분은 정확히 확인이 필요할 것 같아 가맹거래사님께 여쭤보고 답변을 드리겠다고 말씀드리고 집으로 돌아왔다.

2025년 6월 16일, 맑음

점심 때 가맹거래사님께 전화로 사정을 설명드리고 자세한 답변을 받았다. 퇴근길에 경비실에 아저씨가 계셔서 얼른 찾아가 답변 받은 내용을 설명해 드렸다.

나의지: 안녕하세요? 그때 말씀해 주셨던 거요. 가맹거래사님께 여쭤보니까 구입 강제나 부당한 계약조건의 설정에 해당해서 거래상지위남용이라는 불공정거래행위라고 하시더라고요.

경비원 아저씨: 아, 그럼 본사가 잘못한 게 맞는 거죠?

나의지: 네, 맞아요. 정보공개서를 통해 미리 통지된 것도 아니고 가맹계약서에도 근거가 없어서 문제된다고 하시더라고요. 필수품목으로 정한 거라 해도 일괄출고 방식이면 매장 크기나 매출, 고객 성향 등을 전혀 고려하지 않은 거라서 점주들에게 구입을 강제한 거라네요. 아, 한 가지 더, 브랜드 이미지 훼손으로 인한 계약해지 이거는 2020년에 시행령에서 삭제되었고, 그나마 원래 내용도 허위사실에 근거한 거라서 본사가 체결한 갱신계약도 부당하다고 하셨습니다.

경비원 아저씨: 정말 감사드립니다. 집사람이 이것 때문에 너무 스트레스를 받았는데 좀 안심이 되네요.

나의지: 네, 본사와 한 번 잘 이야기해 보시죠.

1-6 내 가게인데 본사가 이렇게 간섭하고 강제해도 되는 거야? (거래상지위남용 3)

2025년 7월 2일, 소나기

내가 장사를 하고 있는 상가에는 꽤 많은 프랜차이즈 가게들이 입점해 있다. 그 중 같은 층 안 쪽에 프랜차이즈 피부관리샵을 하고 계시는 서빛나 사장님 가게가 있는데, 쾌활한 성격에 피부관리도 잘 해주신다고 소문이 나서 나도 방문해본 적 있다.

오늘은 매월 한 번씩 열리는 상가임차인들의 모임이 있는 날이다. 약속 장소에 도착하니 서빛나 사장님을 비롯한 여덟분 정도가 이미 앉아 계셨다. 서로의 근황을 얘기하고 담소를 나누고 있었는데 옆자리에 앉아 있던 서빛나 사장님이 갑자기 한숨을 쉬시더니 조심스럽게 얘기를 꺼냈다.

서빛나 사장님: 제가 이 브랜드 초창기부터 점주였거든요. 지금은 입소문을 타고 브랜드가 나름 유명해졌어요. 매장도 늘어서 새로 시작하려는 예비점주님들이 있더라고요.

나의지: 그럼 사장님한테도 좋은 거 아니예요?

서빛나 사장님: 사실 제가 큰 욕심은 없고 저희 매장이 규모가 작아서 월 매출액은 딱 평균 정도예요. 다만 오래 하다 보니 단골도 생기고 고객분들이 좋아하셔서 저도 열심히 하고 싶더라고요…. 그래서 이번에 계약 갱신하면서 본사 담당자가 매출을 더 올려 보자고 제안해서 점포도 더 넓은 곳으로 옮기려고 준비하고 있었거든요. 그런데 몇 주 전에 본사 담당자에게 전화가 와서, 이 지역에 가맹희망자 A가 있는데 신규 가맹점이 근처에 생기면 매출이 반 토막 날 테니 차라리 같이 공동운영을 하는 게 좋겠다고 하는 거예요.

나의지: 흠, 그건 쉽지 않은 문제인데요.

서빛나 사장님: 네, 저도 제 가족이면 뭐 공동운영 할 수 있죠. 근데 잘 모르는 남이랑 하는 건 꺼려지더라고요. 그랬는데 최근에 다른 점주분이 우연한 기회로 그 A라는 사람이 본사 대표의 친척 동생이라는 걸 알고 저에게 말씀해 주신 거죠. 그래서 본사에 못한다고 했더니 그때부터 저를 괴롭히기 시작했어요.

나의지: 어떤 식으로요?

서빛나 사장님: 저희 매장을 특별관리대상 점포로 지정하고는, 가맹계약서에 본사의 경영지침이나 영업방침을 충실히 따라야 한다는 규정을 들먹이면서 공동명의로 안 하면 계약을 해지하겠다고 압박하더라고요. 그것도 스트레스였는데 최근에는 이런 공문까지 또 보냈더라고요.

공 문

수신: OO스킨케어 OOO 가맹점주 귀하
발신: OO스킨케어 가맹본부 가맹사업팀
일자: 2025. 6. 25.
제목: 가맹점 매출목표 안내

안녕하세요.
늘 성실함과 열정으로 OO스킨케어 가맹점을 운영 중인 귀하의 노고에 감사드립니다.
본사는 항상 사업번창과 점주분들의 이익을 보장하기 위해 최선을 다하고 있습니다.

다만 최근 본사 내부점검 결과, 일부 가맹점의 경우 매출의 상승율이 눈에 띄게 저하되고 브랜드 성장속도를 따라가지 못하고 있는 것으로 확인되었습니다.
이에 본사는 브랜드 이미지 제고 및 성장동력 확보를 위해 매출액 하위 50% 점포 및 특별관리대상 점포를 대상으로 8월부터 월 매출 목표액을 지정하여 실시하고자 하니, 적극적인 참여와 협조 부탁드립니다.

▶ 월 매출 목표액 : 월 22,000,000원(부가세 포함)
▶ 시행기간 : 2025. 8. 1. – 2026. 7. 31.
[※ 월 매출액 미달시 손해배상, 가맹계약해지나 갱신거절 등 불이익이 발생할 수 있습니다]

문의사항이 있으시면 언제든지 가맹사업팀 담당자(070-1234-5678)에게 연락주시기 바랍니다.

2025년 7월 7일, 소나기

오랜만에 만난 고등학교 동창 녀석은 현재 로펌에서 공정거래팀 변호사로 근무하고 있다. 최근에 차액가맹금이나 단체교섭권 법안 등 가맹관련 이슈가 많아서 자기도 관심있게 지켜보고 있다고 한다. 이런 저런 대화를 하다 서빛나 사장님 생각이 나서 조언을 구했다. 친구는 이런 분쟁을 많이 겪어봐서 그런지 문제점과 해결방법에 대해 자세히 설명을 해주었다.

가게로 돌아와 일을 하고 있는데, 마침 서빛나 사장님이 지나가는 모습이 보여 얼른 불러서 친구가 해준 말을 전해 주었다.

나의지: 사장님, 그때 물어 보셨던 내용이요. 친구가 가맹분쟁 전문 변호사라 물어봤는데, 우선 공동명의를 강요한 것은 거래상지위남용으로 부당한 경영간섭이라고 하더라고요. 특히 그 A라는 분이 대표의 친척이라면 특수관계인이라는 점에서 더 그렇대요.

서빛나 사장님: 그런 거죠? 저도 부당하다 생각했는데 전문가분께서 정리해 주시니 확신이 드네요.

나의지: 아, 그리고 월 매출 목표를 설정하고 달성을 못할 경우 불이익을 주겠다고 통보한 것은 거래상지위남용 중 판매목표 강제에 해당하고, 사장님 같은 경우는 월 매출액이 평균 정도는 되기 때문에 본사에서 일방적으로 이를 강제한 것은 부당하다고 들었습니다.

서빛나 사장님: 다행이네요. 진짜 저 잠도 못 자고, 이러다 가맹점도 그만두게 되는 거 아닌가라는 생각까지 들 정도로 고민했었거든요. 좀 안심이 되네요.

나의지: 네, 본사의 말이라고 다 지켜야 하는 것은 아니니까요. 제 경험상 본사가 갑의 지위에서 부당하게 강요 및 강제하는 게 있다면 꼭 한 번 법적으로 따져보아야 하더라고요.

서빛나 사장님: 감사합니다. 본사 담당자랑 전화 한 번 해보겠습니다.

KEYPOINT

- 가맹본부가 ⅰ.거래상의 지위를 이용하여 ⅱ.부당하게 가맹점사업자에게 불이익을 주는 행위는'거래상지위남용'으로서 불공정거래행위에 해당합니다(법 제12조 제1항 제3호).
- 가맹본부에게는 일반적으로 거래상 우월한 지위가 인정되며, 거래행위의 부당성은 거래대상 상품 또는 용역의 특성, 행위의 의도 · 목적 · 효과 · 영향 및 구체적 태양 등에 비추어 정상적 거래관행을 벗어난 것으로서 공정한 거래를 제한할 우려가 있는지 여부가 핵심입니다.

- 구입강제(밀어내기), 부당한 강요, 부당한 계약조항의 설정 또는 변경, 경영간섭, 판매목표 강제, 불이익 제공이'거래상지위남용'의 주된 유형입니다(시행령 [별표2] 참조).
- 다만 ① 가맹본부의 상표권을 보호하고 상품 또는 용역의 동일성을 유지하기 어렵다는 사실이 객관적으로 인정되고 ② 가맹본부가 미리 정보공개서를 통하여 가맹사업자에게 해당 사실을 알리고 계약을 체결한 경우에는 적용이 제외됩니다(시행령 [별표2] 참조).

TIP!

- 점주에게 비용 부담이 될 수 있는 내용들(할인 프로모션, 모바일상품권 발행 등)은 정보공개서 및 가맹계약서를 통해 최대한 꼼꼼하게 체크해야 합니다.
- 비용 부담에 대해서 미리 예측하기 어렵다면 '구체적인 비용 부담에 관한 사항은 가맹본부와 가맹점주간 별도의 협의에 따른다'는 내용의 특약을 정해두는 것이 좋습니다.
- 불공정거래행위의 위법성 요건 입증이 핵심이므로 가맹본부와 분쟁이 있는 경우 빠른 시일 내에 전문가와 상담을 받는 것이 좋습니다.
- 모바일상품권의 경우 거래상지위남용과 광고 · 판촉행사 동의의무위반(법 제12조의6 제1항)이 동시에 발생하는 경우가 많으니 특히 유의해야 합니다.
- 가족끼리 가맹점을 공동명의로 공동운영하다가 1인 명의로 변경하는 경우에도 영업양수도와 동일하게 가맹금을 수취하는 것은 '부당한 강요'에 해당합니다.
- 필수품목이라고 해서 무조건 '구입강제'가 정당한 것은 아니고, 상품이나 용역의 동일성 유지나 상표권 보호를 위해 객관적으로 필요한지를 꼼꼼히 따져봐야 합니다.
- 부당하게 계약해지 사유를 정하거나 다른 가맹점주와 차별을 하고 있다면 이는 '부당한 계약조항의 설정 또는 변경'에 해당할 가능성이 크므로 전문가와 상담을 받아보셔야 합니다.
- 기본적으로 점주에게는 점포 운영에 관한 경영권이 인정되며, 예외요건에 대해서는 가맹본사가 입증하여야 합니다.

참조판례 및 심결례

공정거래위원회 2021가조1286, 2024. 2. 20. 의결

공정거래위원회 2019가조1126, 2021. 6. 22. 의결
공정거래위원회 2007가유4148, 2008. 4 16. 의결
대법원 2002. 9. 27. 선고, 2000두3801 판결

1-7 위약금 그게 뭔데 나를 괴롭히는 거야? (부당한 손해배상 의무 부과행위)

2024년 8월 6일, 천둥

오늘은 문득 손열정이 생각났다. 고등학교 후배이자 군대에서 함께 취사병으로 복무했던 녀석. 건장한 체격에 먹성도 좋아서, 요즘 같았으면 먹방 유튜버를 했을지도 모르겠다. 그때만 해도 아버지 식당이 꽤 컸으니 자연스럽게 가업을 잇지 않을까 했는데, 나처럼 젊은 패기에 이끌려 서울로 올라와 일을 배우더니 식품대기업에 취직했다. 그 이후로는 가끔 소식만 들었다.

그런데 오늘, 한창 더운 오후에 갑자기 전화가 왔다. 다짜고짜 프랜차이즈 창업하려면 얼마가 드냐고 묻는다. 무슨 일인가 싶어 물어보니, 회사에서 구조조정으로 희망퇴직을 받게 됐고, 이참에 예전부터 꿈꿨던 창업에 도전해 보고 싶다는 거였다. 목소리가 약간 들떠 있었다.

'흠… 그렇게 쉽게 결정할 문제는 아닌데, 설마 아무 준비 없이 그러진 않았겠지'라는 생각이 들었다. 그래도 혹시 몰라 프랜차이즈 창업에 대해 아는 만큼 조언해 주고, 가맹거래사님 명함도 건네주며 궁금한 점 있으면 꼭 전문가 도움을 받으라고 당부했다.

2025년 8월 12일, 번개

오늘은 알바생 한 명이 개인 사정으로 갑자기 결근했다. 점심시간에 손

님들이 몰려와 정신없이 일하다 보니, 3시가 넘어서야 겨우 늦은 점심을 먹고 잠깐 숨을 돌릴 수 있었다. 그제야 휴대폰을 확인했더니 부재중 전화가 세 통이나 찍혀 있었다. 후배 열정이 녀석이었다. 별일 아니겠지 싶어 일단 저녁 영업 준비에 다시 몰두했다. 하루가 어떻게 지나갔는지도 모르게 바쁘게 보내고, 가게 문을 닫을 즈음에야 그제서야 열정이 생각나서 전화를 걸었다.

깊은 한숨 섞인 목소리를 들으니 뭔가 큰 일이 생겼구나 싶어 자세한 건 만나서 얘기하자고 말하고 주말 약속을 잡았다.

2025년 8월 16일, 소나기

후배 녀석의 얼굴이 눈에 띄게 수척해진 것 같아 보인다. 항상 자신감에 차 있고 긍정적인 마인드를 가지고 있던 녀석인데 도대체 무슨 일인지 궁금해 얼른 말을 꺼냈다.

나의지: 아니 도대체 작년부터 무슨 일이 있었던 거야?

손열정: 그때 선배님께 전화로 프랜차이즈 창업 관련해서 조언 구했던 거 기억나시죠? 그때 친한 친구가 요거트 아이스크림이 대박날 거라면서 무조건 가맹점 하라고 추천을 했었어요. 그래서 바로 계약을 했고, 처음에는 별 문제 없이 잘 운영했었죠.

나의지: 그럼 뭐가 문제였는데?

손열정: 본사에서 요거트를 공급받는데, 그 요거트의 세균 수치가 기준치를 초과해서 식품위생법을 위반했다는 뉴스기사가 나온 거예요. 본사에서는 아무 말도 없었고, 뉴스를 보고 알게 돼서 더 어이가 없었죠. 그 후로는 소비자들도 발길을 끊어버렸고요.

나의지: 흠, 문제가 될 수 있겠네. 본사에서는 아무런 조치를 안 해줬어?

손열정: 본사가 저를 포함한 다른 점주님들과 협상을 해서 원래는 합의로 해지하기로 했었는데, 중간에 의견이 안 맞아서 결국 해지가 되지는 않았어요. 그런데 본사 태도를 보니까 저는 이미 신뢰관계가 깨졌다고 생각해서 더는 가맹점을 못하겠더라고요.

나의지: 그렇지, F&B에서 식품위생법 이슈는 치명적인 결함이지.

손열정: 네, 그래서 본사에 계약해지를 하겠다고 통보하고, 요거트 아이스크림을 아이템으로 하는 다른 본사랑 컨택해서 계약을 하고 아예 다른 지역에서 영업을 시작했어요. 그랬더니 법원에서 이런 게 날아온 거예요.

소 장

원 고　주식회사 OO요거트
서울 ☆☆구 테헤란로
원고 소송대리인 법무법인 AA

피 고　손열정
서울 ◇◇구 정열로

위약금 등 청구의 소

청 구 취 지

1. 피고는 원고에게 50,000,000원 및 이에 대하여 이 사건 소장 부본 송달일의 다음날부터 다 갚는 날까지 연 12%의 비율에 의한 금원을 지급하라.
2. 제1항은 가집행할 수 있다.
3. 소송비용은 피고가 부담한다.

라는 판결을 구합니다.

2025년 8월 17일, 비

인생의 2막을 시작해 보려는 사람에게 수천만 원이나 되는 돈을 물어내라는 소장이 날아오다니 후배 입장에서는 참 막막했을 것만 같다. 그러고 보니 〈가사모〉 B 사장님도 최근 이 브랜드 가맹점을 그만두셨다고 들은 기억이 나서 얼른 전화를 드렸고, 자초지종을 설명 후 대화를 나누었다.

B 사장: 나 사장님, 후배분도 저랑 똑같은 일을 겪으셨군요. 이래저래 맘 고생이 많으시겠어요.

나의지: 네, 말도 마세요. 후배 녀석 얼굴이 말이 아니네요. B 사장님은 이 문제를 어떻게 해결하셨을까요?

B 사장: 제 친동생이 변호사이고 또 지인 중에 실력 좋은 거래사님이 계셔서 조언을 들었습니다. 본사가 비밀유지 및 경업금지 의무 위반을 이유로 위약금을 청구한 게 가맹사업법상 불공정거래행위가 될 수 있다고 해요.

나의지: 후배한테 들어보니 남은 계약기간도 짧고… 로열티도 몇 백만 원 정도인데 위약금 5천만 원은 말도 안 된다고 하더라고요.

B 사장: 네, 맞아요. 실제 손해나 의무 위반 원인 등에 비추어 볼 때 본사가 과중한 위약금을 부과하는 행위는 충분히 문제될 수 있으니 이 점을 잘 전달해 주세요. 저도 이런 점을 본사에 적극 어필하고 대응했더니 결국은 소를 취하하더라고요.

얼른 후배에게 전화를 해서 들은 내용을 전해 주었다. 가만히 내 말을 듣고 있던 후배의 목소리가 한결 밝아진 것만 같다. 물론 아직 해결해야 할 일이 너무 많지만 그래도 같은 처지의 B 사장님의 문제도 잘 해결되었다고 하니 희망을 가져볼 수 있을 것 같다.

KEYPOINT

- 가맹본부가 대통령령이 정하는 기준에 비해 과중한 위약금을 부과하는 등 가맹점사업자에게 부당하게 손해배상 의무를 부담시키는 행위는 불공정거래행위에 해당합니다(법 제12조 제1항 제5호).
- 대통령령이 정하는 기준은 1) 계약의 목적과 내용, 2) 발생할 손해액의 크기, 3) 당사자간 귀책사유의 유무 및 정도, 4) 해당 업종의 정상적인 거래관행을 의미합니다(시행령 제12조의2).
- 과중한 위약금 설정 · 부과, 소비자 피해에 대한 손해배상의무 전가, 부당한 영업위약금, 그 밖의 부당한 손해배상의무 부과행위가 주된 유형입니다(시행령 [별표2] 참조).

- 위약금은 의무위반시의 손해배상액을 미리 정한 것으로 패널티의 성격이 강한 위약벌과 구별되고, 일반적으로 '위약금'의 약정은 손해배상의 예정으로 추정됩니다(민법 제398조 제1항, 제4항).
- 과중한 위약금은 약관규제법 위반의 소지도 존재합니다(약관규제법 제8조).

TIP!

- 가맹계약서에 위약금에 관한 조항이 있는지 확인하고, 위약금의 액수와 내용이 가맹점사업자에게 지나치게 불리한 것이 아닌지 체크해야 합니다.
- 가맹계약서에 위약금이 아닌 위약벌이라고 쓰여진 경우는 감액이 어려워 더 큰 손해가 발생할 수 있으니 주의해야 합니다.
- 위약금이 과다한 경우 여러 사정을 고려하여 법원이 직권감액이 가능하고, 계약당사자간 지위, 계약의 내용과 동기, 손해액의 크기 등을 고려합니다.
- 위약금 분쟁이 발생한 경우, 소송에 앞서 본사의 행위가 가맹사업법상 불공정거래행위라고 판단되면 분쟁조정신청이나 신고 등을 적극 고려해 볼 필요가 있습니다.

참조판례 및 심결례

공정거래위원회 2023부사1353, 2024. 6. 7. 의결

홍점주 / 여성 / 33세 / ESTP

수도권 대기업 사옥 근처에서 테이크아웃 커피 전문점을 3년째 운영하는 가맹점주인 홍점주! ESTP답게 현실적이고 실행력이 빨라 출근길과 점심시간에는 직접 바리스타로 나서며 매장을 능숙하게 이끌고 있다. 평소 본사에 새로운 메뉴나 이벤트도 주저 없이 제안하기도 하지만, 본사의 인테리어 강제 교체나 영업지역 침해처럼 불합리하다고 느끼는 일에는 화를 참지 않고 바로 본사 담당자에게 따져 묻고 다른 점주들에게 상황을 공유해 함께 대응책을 찾는 추진력이 강한 점주이다.

1-8 인테리어를 또 바꾸라고? 아직도 새 것 같은데! (부당한 점포환경개선 강요행위)

2025년 5월 2일, 맑음

올해로 이 곳에 카페를 연 지도 3년째. 평소엔 일기 같은 건 써본 적도 없는데, 갑자기 웬 일기냐고?! 터무니없는 가맹본부의 강요에 속이 부글부글 끓어올라, 일기를 쓰며 화를 삭히기 위해 펜을 들었다.

내가 운영하는 카페는 고작 10평 남짓에 불과하지만, 바쁜 아침 출근길이나 점심 식사 후 카페인 수혈을 원하는 직장인들이 하루에 한 번씩은 꼭 들리는 알짜배기 매장이다.

나중에 내 취향을 한껏 반영한 예쁜 카페를 창업하고 싶은 원대한 꿈이 있지만, 일단은 슬픈 현실의 한계로 인해 테이크아웃 전문 매장을 운영하며 자본금을 열심히 모으는 중이다.

그런데 가맹본부에서는 내 꿈을 실현하지 못하게 계속 방해를 하고 있다. 가게 인테리어를 새로 한지 얼마나 됐다고, 또 바꾸라고 하며 가맹본부에서 메일이 온 것이다.

공 문

수신: '아침에 커피 한 잔' 가맹점주 귀하
발신: '아침에 커피 한 잔' 가맹본부 가맹운영팀
일자: 2025. 5. 2.
제목: 가맹점 환경개선(우드톤 컨셉 리뉴얼) 협조 요청의 건

안녕하세요.
항상 '아침에 커피 한 잔' 브랜드 운영에 애정을 가지고 함께 해주시는 점주님께 깊이 감사드립니다.

당사는 2025년 하반기 브랜드 전략에 따라, 전국 매장의 브랜드 아이덴티티 강화를 위한 2차 환경개선 프로젝트를 진행하고 있습니다.
이번 환경개선은 우드톤(woodtone)을 기반으로 한 매장 외관 및 주요 시설물(간판, 메뉴보드, 레일조명 등)의 통일 컨셉 적용을 목표로 하며, 전체 브랜드 이미지의 일관성과 소비자 인식 제고를 위한 필수 전략입니다.
이에 따라 귀 가맹점에도 아래 사항에 대한 협조를 요청 드리고자 하오니, 기한 내 조치 부탁드립니다.

환경개선 내용
적용 범위: 매장 외부 간판, 카운터 전면, 내부 메뉴보드, 포스터 홀더 및 기타 가시적 시공물
디자인 사양: 첨부된 〈우드톤 리뉴얼 가이드라인〉 참조
시공 방식: 본사 지정 업체를 통한 일괄 시공(2025. 6. 31까지 완료 요청)
비용: 가맹점주 자부담(평균 비용 약 280만 원, 매장 규모별 차등)

보는 순간 내 눈을 의심했다. 작년 겨울쯤 그레이&화이트 톤이 대세라고 하며 인테리어 교체를 요구하길래, 간판부터 테이블과 의자를 싹 다 바꾸었는데, 2년도 되지 않아 또 인테리어 교체라니! 게다가 내가 운영하는 카페는 인테리어가 매출에 크게 영향을 미치지 않는 테이크아웃 전문 매장이다.

저번에도 속으로는 '굳이?' 싶었지만, 본사에서 하도 "전국 매장 일괄 리뉴얼", "브랜드 이미지 강화" 어쩌고 하길래, 무려 2백만 원이나 들여 인테리어를 했었다. 작년에 시공한 간판은 새것처럼 상태가 좋아, 아직까지 고객들도 깔끔해서 보기 좋다고 말하고 있다. 근데 그걸 또 바꾸라는 건 도무지 납득이 가지 않는다. 내일 날이 밝자마자 가맹본부에 전화해야지, 안 되겠다.

2025년 5월 3일, 쾌청

오늘 아침 9시 정각이 되자마자, 본사 담당자에게 전화를 해서 "인테리어를 작년에 비용 들여 교체한 지 2년도 안 됐는데 왜 또 교체를 하라고 하느냐."고 항의하였다.

그랬더니 본사에서는 "이번 리뉴얼 참여는 필수가 아니며, 점주님의 의견을 존중합니다. 다만 브랜드 이미지 통일이 필요한 상황인 만큼, 인테리어가 본사 기준을 통과하지 못할 시 가맹계약해지 사유가 될 수도 있습니다. 그러니 신중히 검토 부탁드립니다."라고 하는 것이었다.

강요가 아니라고 하면서 계약해지 사유가 될 수 있다니. 그 말을 듣는 순간, 마음이 무거워졌다. 정말 인테리어를 바꾸지 않으면, 계약이 해지될 수도 있는 것일까?

2025년 5월 6일, 구름

새로운 카페를 열기에 충분한 자금을 아직 모으지 못한 나는 가맹계약해지라는 말에 덜컥 겁을 먹고, 결국 변호사를 찾아가 상담을 받게 되었다. 변호사 박변호는 내 이야기를 모두 듣더니, 조용히 설명을 시작했다.

"가맹본부가 정당한 사유 없이 점포환경개선을 강요하는 행위는 금지되고 있어요. 점주님의 경우 점포의 시설이나 장비, 인테리어가 노후화되어 있지도 않고, 위생 또는 안전의 결함의 문제도 없기 때문에, 가맹본부가 점포환경 개선을 강요할 근거가 없습니다.

그리고 가맹본부의 강요가 있었는지 여부는 형식이 아닌 실질을 기준으로 판단합니다. 그렇기 때문에 형식적으로는 인테리어 교체를 권유한 것이라고 하더라도, 점포환경개선을 실시하지 않을 경우 계약해지, 계약갱신 거절, 물품공급 중단 등 불이익이 있을 수 있다고 한다면, 강요에 해당해요. 이번 가맹본부의 요구는 점포환경개선 강요에 해당하니, 거절하셔도 될 것 같습니다."

그러면서 하는 말이, 내가 작년에 인테리어 교체를 하며 부담했던 비용도 일부 돌려받을 수 있다는 것이었다.

"가맹점의 점포환경개선이 실시되는 경우 가맹본부도 매출 증대효과 등의 이익을 함께 누리게 돼요. 그렇기 때문에 법정 예외 사유에 해당하지 않는 한, 가맹본부는 점포환경개선에 소요되는 비용을 점주와 함께 분담해야 합니다.

점주님이 자발적으로 인테리어를 교체하신 것도 아니었고, 점주님 귀책사유로 안전이나 위생상의 문제가 발생한 것도 아니었으니, 점주님은 간판 교체 비용 및 인테리어 비용의 100분의 20 범위 내에서 반환 받으실 수 있습니다."

요컨대 작년 인테리어 공사는 점포의 이전이나 확장 없이 이루어졌기 때문에 소요된 비용의 100분의 20의 범위 내에서 돌려받을 수 있다. 그런데 이때 장비나 집기의 교체 비용은 돌려받을 수 없기 때문에, 내가 들인 간판 교체비용 1백만 원의 20%인 20만 원을 돌려받을 수 있다는 것이었다.

상담을 마치고 돌아온 나는 곧바로 가맹본사에 이번 인테리어 교체 요구를 거절하는 취지의 이메일을 보냈다. 또한 작년에 진행한 인테리어 교체 비용 중 간판 교체 비용의 일부도 돌려줄 것을 요구했다. 가맹계약을 해지한다는 말이 아직 두렵기는 하지만, 가맹본부가 나에게 인테리어 교체를 강요할 명분이 없다고 하니, 이번 인테리어 교체 비용은 지켜내야지!

2025년 5월 15일, 비

드디어 가맹본부로부터 회신이 왔다! 담당자는 "점주님, 이번 인테리어 교체 건은 자율 참여로 결정되었고요, 저번 리뉴얼 비용 일부는 지원금 명목으로 해서 반환해 드리기로 했습니다. 며칠 내로 처리가 될 예정이니, 조금만 기다려 주세요."라고 했다.

이렇게 그동안 정든 가게 인테리어를 바꾸지 않아도 되고, 소중한 내 자본금도 지킬 수 있게 되었다. 역시 아는 것이 힘이다!

KEYPOINT

가맹본부는 정당한 사유 없이 가맹점주에게 점포환경개선을 강요해서는 안 됩니다. 가맹본부가 점포환경개선을 강요할 수 있는 때는 1) 점포의 시설, 장비, 인테리어 등의 노후화가 객관적으로 인정되는 경우, 2) 위생 또는 안전의 결함이나 이에 준하는 사유로 인해 가맹사업의 통일성을 유지하기 어렵거나 정상적인 영업에 현저한 지장을 주는 경우 뿐입니다(법 제12조의2 제1항, 영 제13조의2 제1항).

가맹본부는 가맹점주가 지출한 간판 교체비용, 인테리어 공사비용(장비 · 집기의 교체비용을 제외한 실내건축공사에 소요되는 일체의 비용)의 일부를 부담해야 합니다. 가맹점주는 점포환경 개선을 하며 점포의 확장 또는 이전을 한 경우에는 지출한 비용의 100분의 40까지, 점포의 확장 또는 이전이 없었던 경우에는 100분의 20까지 청구할 수 있습니다(법 제12조의2 제2항, 영 제13조의2 제2항 내지 제3항).

이때 1) 가맹본부의 권유 또는 요구가 아닌 가맹점주의 자발적 의사에 의해 점포환경개선을 한 경우이거나, 2) 가맹점주의 귀책사유로 위생 · 안전의 문제가 발생하여 점포환경개선을 하는 경우에는 비용을 지급 받을 수 없습니다(법 제12조의2 제2항 단서).

TIP!

이러한 행위가 '부당한 점포환경개선 강요 행위'에 해당할 수 있어요

"전국 매장 리뉴얼이니까 무조건 따라야 한다고 했어요."
가맹본부가 새로운 모델의 인테리어를 도입하면서 점포의 노후도 등에 대한 고려없이 모든 가맹점주를 대상으로 점포환경개선을 실시하도록 요구하면, 부당한 점포환경개선 강요 행위에 해당해요. 특히 지정된 기일까지 미 이행시 가맹본부의 어떠한 조치에도 따르겠다는 내용의 확약서를 작성하도록 하여 이행을 강제한다면, 명백한 강요 행위입니다.

"점포환경개선을 하지 않으면, 영업양도 승인을 안 해주겠대요."
개점 후 2년밖에 지나지 않아 노후화가 객관적으로 인정된다고 보기 어렵고, 위생 · 안전상 결함이 있다고 보기도 어려운 가맹점에 대해 영업양도 승인 조건으로 점포환경개선을 실시하도록 하면 부당한 점포환경개선 강요 행위에 해당합니다.

"인테리어를 바꾸지 않으면, 재계약을 안 해주겠대요."
가맹점점주에게 정당한 사유 없이 점포환경개선을 실시하도록 요구하고, 이행 여부를 계약갱신 승인 조건으로 하여 가맹점사업자의 이행을 압박하는 행위도 부당한 점포환경개선 강요 행위가 됩니다. 점포환경개선은 정당한 사유가 있을 때만 요구할 수 있어요.

TIP!

이러한 행위가 '점포환경개선 비용 부담의무 위반행위'에 해당할 수 있어요

"본사 요청으로 인테리어를 교체했는데, 비용을 청구하니 '자발적 개선'이라고 해요."
가맹본부의 요구로 가맹본부에 '자발적 점포환경개선 요청서'를 작성하여 주었다고 하더라도, 가맹본부의 권유로 점포환경개선을 한 것이 명확하다면 가맹본부에 비용을 청구할 수 있어요.

1-9 7시 이후엔 손님도 없는데, 무조건 영업을 하라고? (부당한 영업시간 구속행위)

2025년 7월 6일, 비

요즘 따라 저녁 매출이 처참하다. 6시 이후엔 손님이 한두 명 있을까 말까 하고, 7시가 넘으면 나 혼자 고립된 외딴 섬에 있는 듯하다. 예전에는 이 근처에 카페가 별로 없어서 그나마 퇴근길 손님이 간간히 있었는데, 최근 들어 프랜차이즈 카페들이 우후죽순 들어오고, 감성 카페까지 생겨나면서 상황이 완전히 달라졌다.

직장인 상권이라 아침 출근 시간과 점심 직후의 매출이 가게 매출의 전부인데, 손님도 없는 가게를 오후 10시까지 지키고 있으려니, 답답하다. 문득 '이제 저녁 장사는 접어야 하는 거 아닐까?' 하는 생각이 든다. 운영시간을 줄여서 불필요한 인건비랑 전기세라도 줄이는 것이 가게 운영에 더 도움이 될 것 같다.

내일은 본사에 '지역 특성상 저녁 6시 이후 영업을 지속하는 것은 실익이 없으니, 운영시간을 오후 6시까지로 단축하고 싶다.'고 문의를 넣어봐야겠다. 매출을 보면, 본사에서도 운영시간을 단축하라고 하겠지?

2025년 7월 12일, 비

가게 운영 시간을 단축하고 싶다는 문의에 관해 본사로부터 답변이 왔다.

"브랜드 정책상 운영시간은 오전 8시부터 오후 10시까지입니다. 이는 소비자 신뢰 확보와 브랜드 이미지 유지를 위한 것으로, 본 정책은 전체 매장에 동일하게 적용되고 있습니다. 운영시간을 준수하지 않는 경우, 위약금 청구의 대상이 될 수 있으며, 향후 계약 갱신이 불가능하거나 가맹계약 해지 사유가 될 수 있음을 알려드립니다."

매출도 없는데, 무조건 저녁 10시까지 가게 문을 열어야 한다니!

옆집 편의점 사장 박편의 씨도 최근에 장사가 되지 않는다고 본사에 영업시간 단축을 건의해 보았지만, 운영방침상 안 된다고 하며 거절당했다고 하는데… 내일 박편의 씨와 함께 변호사라도 찾아가봐야 하나. 본사들이 참 야박하다.

2025년 8월 1일, 무더위

이대로라면 인건비도 안 나올 것 같아서 결국 옆집 편의점 사장님과 함께 변호사 사무실을 찾아가서 조언을 얻기로 했다. 우리는 매출도 없는데 영업시간을 강제하는 본사들이 너무하다고 하며 한 시간을 하소연했다. 그랬더니 변호사는 아래와 같이 설명을 해주었다.

"점주님들, 말씀하신 내용은 충분히 이해됩니다. 그런데 홍점주님의 경우에는 가맹본부의 '부당한 영업시간 구속행위'가 있었다고 보기는 다소 어렵습니다. 현행법상 단순히 영업시간을 정하여 이를 따르도록 권장하는 행위는 부당한 영업시간 구속행위에 해당하지 않기 때문이에요.
'부당한 영업시간 구속행위'는 주로 박점주님이 운영하시는 편의점처럼 24시간 운영을 전제로 한 업종에서, 심야 시간대(예: 0시~6시, 1시~6시)의 매출이 거의 없는데도 불구하고 본사가 일방적으로 영업을 강제하는 상황에서 문제가 돼요.
물론, 본사의 영업시간 준수 요구로 인해 점주님에게 피해가 발생할 것이 명백하거나, 영업시간을 준수할 수 없는 특별한 사정이 있음을 객관적으로 입증할 수 있다면 문제를 제기해 볼 여지는 있습니다. 하지만 점주님 입장에서는 불합리하게 느껴지더라도, 현재 상황만으로는 관련 법령상 위법성이 인정되기는 현실적으로 쉽지 않아요.
홍점주님은 최근 3개월간 손익계산서를 정리해 시간대별 매출 대비 비용 자료를 작성해 보시고, 본사와 협의해서 영업시간을 단축해 보시는 것이 좋을 것 같습니다. 박점주님은 본사에서 계속 영업시간 단축을 허용해 주지 않는다면, 공정거래위원회 신고도 고려해 보세요."

변호사 상담을 마치고 돌아오는 길, 마음은 여전히 복잡했다. 본사의 운영시간 방침이 법적으로 문제는 안 된다지만, 이렇게 장사가 안 되는 시간까지 억지로 문을 열어야 한다는 게 납득은 잘 되지 않는다.

그래도 저번에는 매출액 자료도 없이 본사에 일방적으로 영업시간 단축 요구를 했다가 거절당했던 것이니, 이번에는 변호사 조언대로 손익계산서 자료를 정리해서 다시 본사와 협의를 해봐야겠다. 그래도 안 된다면 내 매장 사정에 맞게 운영 전략을 다시 짜봐야지! 속은 쓰리지만, 다시 파이팅이다!

KEYPOINT

가맹본부는 정상적인 거래관행에 비추어 부당하게 가맹점사업자의 영업시간을 구속하는 행위를 해서는 안 됩니다. 구체적으로 1) 점포 위치가 상권의 특성 등으로 인해 심야 영업시간대(오전 0시부터 오전 6시까지 또는 오전 1시부터 오전 6시까지)의 매출이 그 영업에 소요되는 비용에 비하여 저조하여, 가맹점주가 영업시간 단축을 요구한 날이 속한 달의 직전 3개월 동안 심야 영업시간대의 영업손실이 발생함에 따라 가맹점주가 영업시간 단축을 요구함에도 이를 허용하지 않는 경우, 2) 가맹점사업자가 질병의 발병과 치료 등 불가피한 사유로 인하여 필요 최소한의 범위에서 영업시간의 단축을 요구함에도 이를 허용하지 않는 경우, 이러한 가맹본부의 행위는 부당한 영업시간 구속에 해당합니다(법 제12조의3, 영 제13조의3).

영업시간의 구속의 부당성은 해당 거래분야의 특성, 시간대별 매출상황, 소비자 구매행태 등에 비추어 볼 때 영업시간을 구속하는 것이 일반적인지, 가맹본부에게 통상적으로 허용되는 영업시간 관련 통제권한을 남용하여 가맹점사업자의 영업시간 결정의 자유를 과도하게 침해하는지, 특정시간에 영업을 하도록 강제할 경우 가맹점사업자에게 상당한 피해가 발생할 우려가 있는지, 가맹점사업자에게 영업시간을 준수하지 못할 불가피한 사유가 발생하였는지 등을 종합적으로 고려하여 판단하고 있습니다.

TIP!

이러한 행위가 '부당한 영업시간 구속 행위'에 해당할 수 있어요

"24시간 영업을 할 필요가 없는 업종인데도, 무조건 24시간 운영을 강요해요."
학원이나 문구점처럼 대부분 저녁에 문 닫는 업종인데, 본사에서 24시간 영업을 계약 조건으로 내세우고, 시간을 지키지 않으면 불이익을 주는 경우 부당한 영업시간 구속 행위가 있었다고 볼 수 있습니다.

"손님이 아예 없는 심야 시간인데도, 계속 영업을 하라고 강요해요."
새벽 1시~6시 사이에 유동인구도 없고 매출도 거의 없어서 알바비나 전기세가 더 나가는 상황인데, 본사가 영업시간 단축을 절대 허용하지 않는다면, 부당한 영업시간 구속 행위에 해당할 수 있습니다.

"나 혼자 운영하는 매장인데, 병원 치료 때문에 영업시간을 조금 줄이겠다고 해도 안 된대요."
병원에 주 2회 통원 치료를 가야 해서 해당 시간만큼만 문을 닫겠다고 해도, 본사가 무조건 전 시간 운영을 고집하는 경우 부당한 영업시간 구속에 해당할 수 있습니다.

"명절이나 가족 경조사 때문에 하루 정도 단축 운영을 요청했는데도 거절당했어요."
설날이나 추석 당일, 혹은 부모님의 장례식 같은 상황에서도 무조건 운영하라고 강요 받는 경우 부당한 영업시간 구속 행위로 볼 수 있습니다.

실제 사례: DD 편의점의 부당한 영업시간 구속 행위
한 편의점 가맹본부는 코로나19로 매출이 크게 떨어진 가맹점 두 곳의 영업시간 단축 요구를 들어주지 않아, 공정거래위원회로부터 시정명령과 함께 과징금을 받았습니다.

A 가맹점은 수도권의 사회적 거리두기가 2.5단계로 격상되고 인근 대학교가 온라인 수업을 하면서 고객 수가 줄었다는 이유로, B 가맹점은 관광객이 줄고 인근 공단이 가동을 중단하면서 매출이 급감했다는 이유로 가맹본부에 각 영업시간의 단축을 요구했고, 직전 3개월 동안 심야 영업시간대에 영업손실이 난다는 증빙도 제출했습니다.

그런데 가맹점들의 타당한 요구에도 불구하고, 편의점 가맹본부는 그 요구를 단호하게 거절했습니다. 코로나 19로 매출이 급감한 상황에서도 영업시간 단축을 허용하지 않았던 것이죠. 이에 공정거래위원회는 해당 가맹본부가 가맹점주의 영업시간을 부당하게 구속했다고 판단한 후 시정명령과 함께 과징금을 내렸습니다. 이번 공정거래위원회의 조치는 편의점 심야영업을 강제한 가맹본부를 최초로 제재한 사례로 평가되고 있습니다(공정거래위원회 2024. 2. 20. 의결 2024-043).

1-10 나는 동의한 적 없었던 신제품 할인 행사, 그래도 할인금액을 일부 부담해야 한다고? (광고·판촉행사 사전 동의 의무 및 집행내역 통보 의무)

2025년 9월 1일, 맑음

점심 피크가 막 끝날 때쯤, 단골 손님이 물었다. "사장님, 다다음주부터 신메뉴 50% 할인 행사 한다면서요? SNS에 떴던데요."

나는 처음 듣는 얘기라 멋쩍게 웃고 넘겼다. 그런데 오후 5시, 이를 알리는 본사 단체 메일이 도착했다.

공 문

수신: 〈아침에 커피 한 잔〉 가맹점주 귀하
발신: 〈아침에 커피 한 잔〉 가맹본부 가맹운영팀
일자: 2025. 9. 1.
제목: 전국 매장 가을 신메뉴 프로모션 협조 요청의 건

안녕하세요.
항상 〈아침에 커피 한 잔〉 브랜드 운영에 애정을 가지고 함께 해주시는 점주님께 깊이 감사드립니다. 최근 〈아침에 커피 한 잔〉 점주님들의 매출이 저조한 관계로,

당사는 브랜드 이미지 제고 및 매출 증대를 위해 전국 매장을 대상으로 아래와 같이 가을 시즌 신메뉴 프로모션을 실시하고자 합니다. 고객 유입 극대화를 위한 기획이오니, 적극적인 참여와 협조를 부탁드립니다.

〈가을 시즌 통합 프로모션 개요〉

행사명: 2025 가을 신메뉴 할인 프로모션
행사기간: 2025년 9월 15일(월) ~ 2025년 9월 21일(일), 총 7일간
행사내용: 신메뉴 전 품목 50% 할인 적용
대상매장: 전국 직영 및 가맹 전 매장
고객 홍보: SNS/홈페이지/모바일앱 및 오프라인 포스터 병행 홍보
비용분담: 가맹본부와 가맹사업자 균등부담

본 프로모션 진행을 위해 첨부된 '신메뉴 할인행사 동의서'를 작성하시어, 2025년 9월 10일(수)까지 본사로 회신하여 주시기 바랍니다.

문의사항이 있으시면 언제든지 가맹지원팀 담당자 나담당(010-1234-5678)에게 연락 주시기 바랍니다.

요즘 매출이 줄어 고민이던 차에 새로운 메뉴가 나오면 좀 나아질까 했는데, 1주일간 신메뉴 전 품목 50% 할인 행사라니. 솔직히 기가 막혔다. 경쟁사들에게 밀려 매출이 감소하는 바람에 이것저것 시도한다는 말은 들었지만, 점주들 입장은 전혀 고려하지 않고 이렇게 일방적으로 할인 행사를 진행하다니.

아니나 다를까, 이메일을 받은 이후 점주들 단톡방이 곧장 시끄러워졌다. "할인 행사에 동의한 적도 없는데, 무조건 참여해야 하나요?" 다들 똑같이 생각하고 있었나 보다.

지난번에는 매출 감소를 이유로 〈폭싹 팔았수다〉에 출연한 배우를 섭외하여 광고를 찍고 그 비용을 우리한테 전가하더니, 이번엔 일방적인 할인행사 통보라니.

어제 메일을 받은 이후 동병상련 처지에 있는 나적자 점주로부터 전화가 왔다. 이번에 자기가 운영하는 가맹점이 적자를 봤는데, 이번 할인 행사에 꼭 참여해야 하나 한탄하며 계속 울상이다.

결국 변호사 박변호에게 전화해서 점주들의 상황을 설명하며 조언을 구했다. 그러자 박변호 변호사는 사전 동의나 약정이 없는 광고, 판촉행사 실시는 위법할 수 있다고 하며 아래와 같이 설명을 해주었다.

"점주님, 광고나 판촉행사를 진행할 때 점주님들이 비용의 전부나 일부를 부담해야 한다면, 반드시 사전에 약정을 하거나 점주님들로부터 동의를 받아야 합니다. 광고의 경우 50% 이상, 판촉행사의 경우 70% 이상의 점주님들이 동의를 해야 해요. 만일 이번 신제품 할인행사에 70%에 미달하는 점주님들만 동의를 했음에도 불구하고, 전체 가맹점주님들에게 신제품 할인행사에 참여하도록 요구하면서 할인금액의 일부를 부담하도록 하였다면 위법할 가능성이 높습니다."

대부분의 점주가 신제품 전품목 50% 할인행사에는 거부감을 가지고 있는 것 같던데, 과연 70% 이상의 점주들이 할인행사 진행에 동의를 했을까?

이후 박변호사는 가맹본부의 광고 및 판촉행사의 집행내역 통보 의무에 대해서도 설명을 해주었다.

"그리고 가맹본부는 점주님들이 비용의 전부 또는 일부를 부담하는 광고나 판촉행사를 실시한 경우 그 집행 내역을 점주님들에게 통보하고, 점주님들이 요구하는 경우 이를 열람할 수 있도록 해야 해요. 그동안 진행되었던 광고나 판촉행사의 집행 내역은 따로 받으셨어요?"

나는 멍하니 고개를 저을 수밖에 없었다. 늘 당연한 듯 비용을 지불하기만 했지, 어디에 얼마를 썼는지 전달받은 적이 전혀 없었던 것이다.

이후 다른 점주들에게 상담내용을 공유하였더니, 본사에 할인행사 점주 동의율을 확인해 보겠다고 하는 점주가 있는가 하면, "이번엔 안 넘어가겠다."며 광고 집행 내역 열람 청구를 해보겠다는 점주도 있었다. 앞으로 눈 먼 돈이 없게 잘 감시해야지.

2025년 9월 7일, 구름

결국 가맹점주들의 반발이 컸는지, 본사에서는 이번 할인행사를 일부 품목에 한해 20% 할인하는 것으로 축소하기로 했다. 이 정도면 매장 홍보도 되고, 손해도 크지 않을 듯하니, 이 제안에는 동의 해야겠다.

가맹사업법을 제대로 알지 못했다면, 손해를 감수하면서 본사의 요구에 따라야 했을 텐데. 이번 일을 계기로 확실히 깨달았다. 점주의 사전 동의나 약정도 없이 진행한 광고나 판촉 행사 비용을 점주들에게 떠넘기는 건, 당연한 관행이 아니라 분명한 위법 행위일 수 있다는 것을!

KEYPOINT

- 가맹점주가 비용의 전부 또는 일부를 부담하는 광고나 판촉행사를 실시하면서, 가맹점주와 약정을 체결하지도 않고 전체 가맹점주의 일정비율(광고의 경우 100분의 50, 판촉행사의 경우 100분의 70) 이상의 동의도 받지 않은 경우 불공정거래행위가 될 수 있습니다(법 제12조의6 제1항, 영 제13조의5 제2항).
- 가맹본부는 가맹점주가 비용의 전부 또는 일부를 부담하는 광고나 판촉행사를 실시한 경우 그 집행 내역을 가맹점주에게 통보해야 하고, 가맹점주의 요구가 있는 경우 이를 열람할 수 있도록 하여야 합니다(법 제12조의6 제2항).
- 가맹본부 및 가맹점주가 광고 · 판촉행사의 약정을 체결하려는 경우에는 가맹계약과 별도로 체결해야 하며, 광고나 판촉행사의 명칭 및 실시기간, 광고나 판촉행사의 소요 비용에 대한 가맹점사업자의 분담 비율 및 분담 한도가 모두 포함되어야 합니다(영 제13조의5 제3항 내지 제4항).

TIP!

이러한 행위가 '광고, 판촉행사 사전 동의의무 위반'에 해당할 수 있어요

"점주들의 50% 이상이 동의하지 않았는데, 광고를 진행하고 비용을 청구했어요."
전체 가맹점주의 50% 미만이 전국적인 TV광고 실시에 동의를 하였음에도 불구하고, 광고를 실시하고 그 비용을 전체 가맹점주에게 청구하였다면 광고행사 사전 동의의무 위반 행위가 될 수 있습니다.

"점주들의 70% 이상이 동의하지 않았는데, 전부 할인행사에 참여하래요."
신제품 할인행사 실시에 대해 70%에 미달하는 가맹점주만 동의하였음에도 전체 가맹점주에게 참여하도록 요구하면서 할인금액의 일부를 부담하도록 한다면 판촉행사 사전 동의의무 위반 행위에 해당합니다.

"여러 건의 광고, 판촉행사를 포괄적으로 기재하여 한꺼번에 약정 했어요."
여러 건의 광고 · 판촉행사에 관해 일시에 약정을 체결하면서 내용과 비용부담의 수준을 광고 · 판촉행사별로 명확하게 특정하지 않고, 포괄적으로 기재하여 일괄적으로 약정을 체결한다면 위법 행위가 될 수 있습니다.

"비용 분담 비율도 알려주지 않고, 약정을 체결하게 했어요."
가맹점주와 판촉행사 성격의 모바일 상품권 취급 약정을 체결하면서, 가맹점주의 비용 분담 비율(예시: 모바일 상품권 수수료 분담 비율, 물품제공형 상품권의 액면금액과 실제 상품 판매금액이 다른 경우 그 차액에 대한 분담 비율 등)을 약정내용에 포함하지 않는다면, 위법한 행위가 될 수 있습니다.

1-11 우리 매장 옆에 같은 브랜드 매장이 또 생긴다고? (부당한 영업지역 침해행위)

2025년 10월 3일, 안개

진심으로 분통이 터진다. 평소에도 이런저런 이유로 가맹본부에 대한 불만이 조금씩 쌓여 있었지만, 오늘만큼은 그냥 넘길 수가 없다. 지금 자리에서 영업을 한지도 어느덧 3년 6개월이 되었다. 한 차례 매출이 급감하는 위기도 있었지만, 직접 SNS 홍보도 하고 소소한 이벤트들도 꾸준히 열면서 조금씩 지역 내 인지도를 쌓아왔다. 그 덕에 요즘은 아침과 점심시간마다 꼭 들르는 단골들도 꽤나 많아졌다. 그렇게 나는 이 지역을, 이 영업구역을 나만의 자리라고 믿어 왔다.

그런데 오늘 오전, 바로 내 매장에서 도보 5분 거리에 같은 브랜드 간판을 단 공사 현장을 보고 말았다. 처음에는 눈을 의심했다. 말이 5분 거리지, 직선 거리로는 500m도 채 되지 않는 것처럼 보였다. 설마 해서 가맹본부에 확인 전화를 해보았는데, 돌아온 대답은 더 기가 막혔다.

"아, 네. 맞습니다. 신규 가맹계약이 체결 되어서요. 가맹계약 규정상으로는 전혀 문제없습니다~."

매장 간 거리 규정을 준수했다고? 이렇게 가까운데? 전화를 끊자마자, 내가 알고 있던 계약 조항이 달랐던 것인가 하고 계약서를 찾아보았다.

가맹계약서

제9조 (영업지역의 설정 및 출점 제한)

① 가맹본부는 본 계약에 따라 가맹점사업자에게 다음 각 호의 범위 내에서 해당 가맹점을 운영할 수 있는 권리를 부여하며, 이를 본 계약에서 정하는 '영업지역'이라 한다.

영업지역: 가맹점 주소지를 중심으로 반경 700m 이내의 지역

영업형태: 동일 상호 또는 유사 상호를 사용하는 커피 전문점 및 동일 상품군을 취급하는 매장

② 가맹본부는 본 계약의 유효기간 동안, 제1항에서 정한 '영업지역' 내에 직접 또는 제3자를 통해 동일 브랜드 및 동일 업종의 신규 가맹점을 출점하거나 직영점을 설치하지 않는다.

영업지역이 반경 700m로 설정되어 있는데, 신규 매장이 이렇게 가깝다니. 뭔가 잘못 된 것 같다. 이렇게 가까운 거리에 매장을 내주는 것은 도의에도 어긋나는 것이 아닌가! 그동안 '본사는 나를 든든한 파트너로 생각

하겠지.'라고 생각하며 열심히 일했던 내 모습이 너무 한심해진다.

2025년 10월 5일, 맑음

내가 3년 넘게 일군 단골 고객층, 이 지역에서의 나의 위치를 빼앗길 수는 없다는 일념으로 다시 변호사 사무실을 찾았다. 가맹계약 당시 친한 점주 사장님으로부터 영업지역 설정에 관한 규정을 잘 살펴보아야 한다는 조언을 듣고, 혹시나 가맹본부가 영업지역을 설정하지 않거나 가맹계약서에 기재하는 것을 누락하지는 않는지 등을 열심히 살펴 보았던 것이 무색하다. 규정이 있는데도 지키지 않을 줄이야.

박변호 변호사는 가맹본부가 영업지역을 침해한 행위는 불공정거래행위가 될 수 있다고 하면서, 이렇게 정리해 주었다.

"점주님, 지금 상황이 본사에 의해 '영업지역'이 침해된 게 아닌가 걱정이 되시죠? 이와 관련해서 공정거래위원회는 몇 가지 기준을 가지고 '위법한 영업지역 침해'인지 여부를 판단하고 있습니다.
먼저, 가맹본부가 계약 기간 중에 점주님의 영업지역 안에, 점주님이 운영하는 업종과 같은 업종의 점포를 새로 열면, 그건 점주님의 계약상 권리를 침해한 것으로 볼 수 있어요. 특히 점주님이 계약할 때 "이 지역에서 나 혼자만 영업할 수 있을 거야."라고 믿고 계약을 맺었는데, 어느 날 갑자기 코앞에 같은 브랜드 매장이 생긴다면, 전혀 예측하지 못한 피해를 입게 되겠죠? 이런 경우는 원칙적으로 법 위반 소지가 크다고 판단됩니다.
다만, 모든 경우가 위법은 아니고, 본사에 '정당한 사유'가 있었다면 예외가 될 수 있어요. 예를 들어서, 동네가 재개발되거나 신도시로 바뀌는 바람에 상권 자체가 완전히 바뀌었거나, 그 지역 유동인구나 거주 인구가 확 줄어들거나 늘어나는 경우가 있을 수 있어요. 또는 소비자 취향이 바뀌면서 기존 점포와는 전혀 다른 수요층이 생겼다거나 하는 경우가 대표적이에요.
단순히 거리만 보고 위반 여부를 판단하는 것이 아니라, 상권 특성, 주 고객층 중복 여부, 피해 규모, 가맹점사업자와의 합의 여부 등을 종합적으로 고려하여 판단해야 한답니다.

박 변호사의 말에 따르면, 가맹본부가 동일한 상권에 반복적으로 신규 출점을 허용해서 기존 가맹점의 매출이 급감하는 경우 공정거래위원회에서 시정명령 등을 내릴 수 있다고 한다. 내일은 공정거래위원회 신고 절차를 알아봐야겠다.

이젠 매출 걱정보다도, 내가 가맹본부로부터 존중받지 못했다는 상처가 더 크게 남는다. 그래도 매장은 계속 운영해야 하니, 오늘부터는 '가맹본부만 믿고 맡기면 된다.'는 생각을 버리고, 점주로서 내가 가져야 할 권리는 내가 스스로 챙기겠다고 다시 다짐해 본다. 본사가 내 가게를 지켜주지 않는다면, 나라도 내 가게를 지켜야 하니까.

KEYPOINT

- 가맹본부는 가맹계약 체결 시 가맹점주의 영업지역을 설정하여 가맹계약서에 이를 기재해야 합니다(법 제12조의4 제1항). 나에게 보장된 영업지역 범위가 궁금하다면, 가맹계약서를 확인하세요.
- 가맹계약 갱신과정에서 상권의 급격한 변화, 해당 상권의 거주인구 또는 유동인구의 현저한 변화, 소비자 기호변화 등으로 인한 상품 · 용역에 대한 수요의 현저한 변화 등 기존 영업지역을 그대로 유지하는 것이 현저히 불합리하다고 인정되는 경우, 가맹본부는 가맹점주와의 합의 하에 기존 영업지역을 변경할 수 있습니다(법 제12조의4 제2항).
- 가맹본부는 가맹계약기간 중에 정당한 사유 없이 가맹점주의 영업지역 안에서 가맹점주와 동일한 업종의 자기 또는 계열회사의 직영점이나 가맹점을 설치하는 행위를 하여서는 안 됩니다(법 제12조의4 제3항).

TIP!

이러한 행위가 '부당한 영업지역 침해 행위'에 해당할 수 있어요

"도보 3분 거리에 같은 브랜드 매장이 생겼어요!"
가맹점으로부터 반경 1km 이내에 신규 가맹점 또는 직영점을 개점할 수 없음을 가맹계약서에 명시하였음에도 불구하고 정당한 사유 없이 해당 가맹점으로부터 500m 떨어진 곳에 가맹본부의 직영점을 개설하였다면, 이는 부당한 영업지역 침해에 해당할 수 있습니.

1-12 공정거래위원회 신고와 분쟁조정, 내 권리를 지키는 방법

2025년 10월 2일, 맑음

본사는 내 영업지역을 침해한 이후 적절한 조치나 보상을 취하기는커녕, 뻔뻔하게 나올 뿐이었다. 지난 번 법률상담 때 본사가 불공정거래행위를 하면, 공정거래위원회에 신고하면 된다고 했던 것 같은데. 신고를 하면, 공정거래위원회에서는 실태조사를 한 후 본사에 시정명령이나 과징금 부과를 한다고 한다. 괘씸한 본사를 그냥 두고 볼 수 없으니, 신고를 해야겠다는 결심이 선다.

2025년 10월 14일, 안개

공정거래위원회에 본사를 신고하려고 보니, 처음 해보는 것이라 막막했다. 그래서 변호사에게 조언을 구했더니, 가맹사업거래분쟁조정협의회에 분쟁조정을 먼저 신청해보라는 권유를 받았다. 소송만 답인 줄 알았는데, 분쟁조정이라는 절차도 있구나.

분쟁조정절차는 당사자가 신청하거나 공정거래위원회에서 조정을 의뢰해서 시작된다고 한다. 당사자끼리 스스로 조정을 하거나 협의회의 권고, 조정안을 수락하면 사건이 종결된다고 하던데. 사건을 원만하게 해결할 수 있다면, 분쟁조정을 먼저 신청해 보는 것이 맞는 것 같다.

분쟁조정신청의 원인 및 사실을 증명하는 서류를 첨부해서 신청서를 제출하면 된다고 하니, 내일은 분쟁조정을 신청해 봐야겠다.

2025년 11월 29일, 쌀살

길고 긴 공방이 끝이 났다. 본사에서는 영업지역을 침해하지 않았으며, 침해했다고 하더라도 정당한 사유가 있었다고 하며 끝까지 책임이 없다고 주장했다. 나는 계약상 보장된 영업지역이 침해당했으며, 단골 고객층이 겹쳐 피해가 발생했음을 반복해서 주장했다. 자칫 소송으로까지 이어질 뻔했는데, 협의회의 중재에 따라 합의금을 받는 것으로 원만하게 해결할 수 있었다. 소송으로 가면 1심만 하더라도 최소 1년에서 1년 반이 걸린다고 하던데, 빠르게 분쟁을 마무리할 수 있어서 참 다행이라고 생각했다.

이번 사건으로 계약해지까지는 하지 않기로 했지만, 다음 가맹계약 갱신 때는 좀 고민을 해봐야겠다. 자본금도 어느 정도 모았겠다, 이제는 내 카페를 직접 운영해 보고, 더 나아가 프랜차이즈화도 하고 싶은데. 언제가 될지는 모르지만, 그때가 된다면 가맹점주들과 상생하는 좋은 가맹본부가 되어야지! 그때까지 다시 힘내 보자!

KEYPOINT

분쟁조정 제도

가맹점사업자 및 가맹본부는 공정거래법 제45조(불공정거래행위의 금지) 제1항의 ① 단독의 거래거절, ② 차별적 취급, ③ 경쟁사업자 배제, ④ 부당한 고객유인, ⑤ 거래강제, ⑥ 거래상 지위의 남용, ⑦ 구속조건부거래, ⑧ 사업활동 방해 등에 해당하는 행위와 관련한 분쟁이 발생한 경우에는 공정거래분쟁조정협의회에 분쟁조정을 신청할 수 있습니다.
가맹점사업자 및 가맹본부는 가맹본부의 허위 과장된 정보제공, 부당한 계약해지 및 종료, 영업지역의 침해 등 가맹사업과 관련한 분쟁이 발생한 경우에는 가맹사업거래분쟁조정협의회에 분쟁조정신청을 할 수 있습니다.

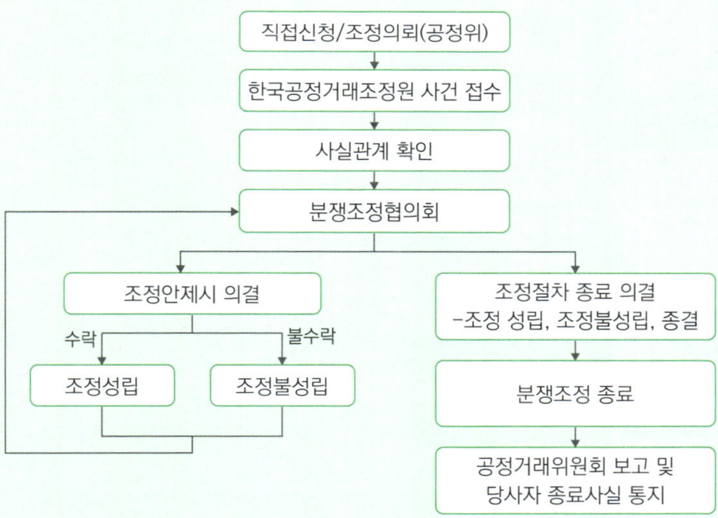

출처: 한국공정거래조정원(https://fairnet.kofair.or.kr/web/content.do?proFn=9989120)

조정이 성립된 경우 재판상 화해의 효력(확정판결과 동일한 효력)이 발생하며, 공정거래위원회는 특별한 사유가 없는 한 추가적인 시정조치를 하지 않습니다.
분쟁조정은 통상 60일의 기간 내에 처리되나, 사안에 따라 사실관계 확인 등에 소요되는 기간이 필요한 경우 60일의 기간이 초과될 수 있습니다.

다음과 같은 경우 분쟁조정절차는 종료됩니다.

- 분쟁당사자가 협의회의 권고 또는 조정안을 수락하거나 스스로 조정하는 등 조정이 성립된 경우
- 조정을 신청 또는 의뢰받은 날부터 60일(분쟁당사자 쌍방이 기간연장에 동의한 경우는 90일)이 경과해도 조정이 성립되지 않은 경우
- 분쟁당사자의 일방이 조정을 거부하거나 해당 조정사항에 대하여 법원에 소를 제기하는 등 조정절차를 진행할 실익이 없는 경우

KEYPOINT 2

공정거래위원회 신고에 의한 분쟁해결

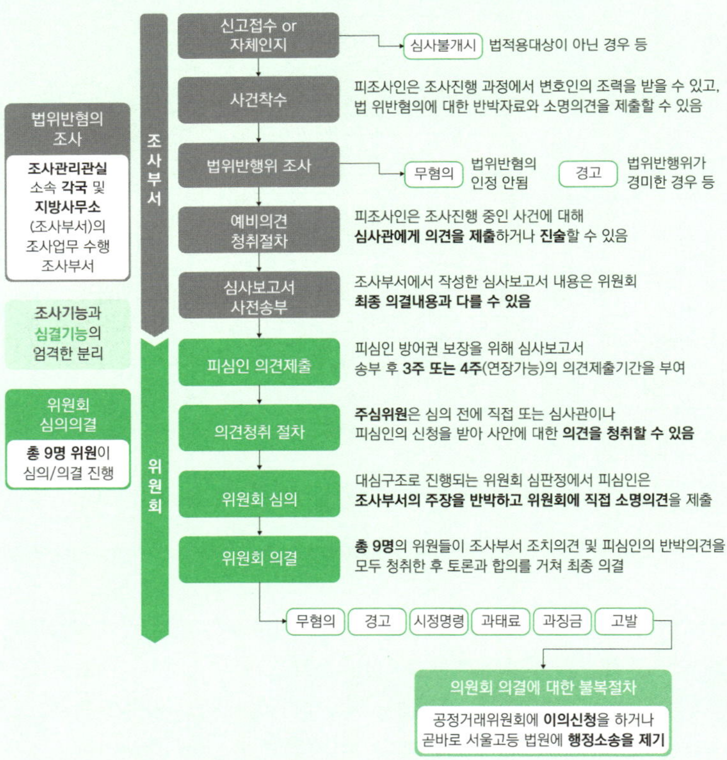

출처: 공정거래위원회(https://www.ftc.go.kr/www/contents.do?key=708)

02

가맹본부에 똑똑하게 권리 요구하기

김가맹 / 남성 / 52세 / INFJ

김가맹은 50대 초반의 남성으로, 중소기업에서 20년 가까이 영업직으로 일해온 잔뼈가 굵은 인물이다. 퇴직 후 제2의 인생을 시작하며 선택한 길은 바로 프랜차이즈 카페를 창업하여 오픈 1년 차를 보내고 있다. 신중한 성격답게 창업 전에는 본사 교육부터 상권 분석, 점포의 동선까지 꼼꼼하게 점검했다. 하지만 막상 오픈하고 보니 예상하지 못한 현실이 기다리고 있었다.

프랜차이즈 본사가 점주들에게 판매하는 소스 가격은 너무 비싸고, 매월 본사에서 가져가는 광고비 명목의 비용도 너무 비싸다. 그런데 막상 본사에 따지고자 하니 두렵다. 이런 거 따졌다고 본사가 불이익을 주면 어떡하지? 혼자는 무서웠던 김가맹, 다른 점주들과 가맹점사업자 단체를 설립하고자 한다.

2-1 가맹점주협의회, 이런게 있었어? (가맹점주협의회 구성과 협상 스킬)

2024년 8월 1일, 맑음

오늘은 내 매장에 다른 지점의 점주님들과 모여서 이야기를 나누었다. 제일 먼저 나온 이야기는 본사에서 가져가는 광고비가 너무 비싸다는 것이었다. 모두가 동의했지만, 나서서 이야기할 용기는 아무도 없어 보였다. 가맹점주들이 모여 가맹점사업자단체를 설립할 수 있고, 프랜차이즈 본사와 거래하는 조건을 변경하는 협의를 요청할 수 있다고 해서 가맹거래사에게 전화를 걸어봤다.

김가맹: 저… 가맹점사업자단체를 구성하려면 어떻게 해야 하나요?

가맹거래사: 잘 전화하셨어요. 요즘 그런 문의 많아요. 가맹점사업자단체는 점주의 '권리'입니다.

김가맹: 가맹점사업자단체란 정확히 무엇인가요?

가맹거래사: 가맹점사업자단체는 법이 보장한 제도입니다. 『가맹사업거래의 공정화에 관한 법률』(이하 '가맹사업법') 제14조의2는가맹점사업자단체(가맹점사업자단체)를 설립하고 활동할 권리를 명확히 보장하고 있습니다.

김가맹: 누가 만들 수 있는 건가요?

가맹거래사: 동일 브랜드 점주들끼리만 구성할 수 있어요. 본사가 같더라도 브랜드가 다른 점주님들과는 함께 가맹점사업자단체를 구성할 수 없습니다.

김가맹: 몇 명부터 시작할 수 있나요?

가맹거래사: 법에 명확한 숫자는 없지만, 3명 이상의 점주가 단체를 구성하면 실무적으로 안정적인 출발이 가능합니다.

김가맹: 어떤 권한이 있나요?

가맹거래사: 본사와 거래조건, 광고비, 리뉴얼 정책, 물류비, 계약조건 등 다양한 사안에 대해 공식 협의를 요청할 수 있습니다.

KEYPOINT

가맹점사업단체 관련한 가맹사업법 규정은 다음과 같습니다

제14조의2(가맹점사업자단체의 거래조건 변경 협의 등)
① 가맹점사업자는 권익보호 및 경제적 지위 향상을 도모하기 위하여 단체(이하 "가맹점사업자단체"라 한다)를 구성할 수 있다.
② 특정 가맹본부와 가맹계약을 체결 · 유지하고 있는 가맹점사업자(복수의 영업표지를 보유한 가맹본부와 계약 중인 가맹점사업자의 경우에는 동일한 영업표지를 사용하는 가맹점사업자로 한정한다.)로만 구성된 가맹점사업자단체는 그 가맹본부에 대하여 가맹계약의 변경 등 거래조건(이하 이 조에서 "거래조건"이라 한다)에 대한 협의를 요청할 수 있다.
③ 제2항에 따른 협의를 요청받은 경우 가맹본부는 성실하게 협의에 응하여야 한다. 다만, 복수의 가맹점사업자단체가 협의를 요청할 경우 가맹본부는 다수의 가맹점사업자로 구성된 가맹점사업자단체와 우선적으로 협의한다.
④ 제2항에 따른 협의와 관련하여 가맹점사업자단체는 가맹사업의 통일성이나 본질적 사항에 반하는 거래조건을 요구하는 행위, 가맹본부의 경영 등에 부당하게 간섭하는 행위 또는 부당하게 경쟁을 제한하는 행위를 하여서는 아니 된다.
⑤ 가맹본부는 가맹점사업자단체의 구성 · 가입 · 활동 등을 이유로 가맹점사업자에게 불이익을 주는 행위를 하거나 가맹점사업자단체에 가입 또는 가입하지 아니할 것을 조건으로 가맹계약을 체결하여서는 아니 된다.

2024년 8월 9일, 맑음

가맹거래사에게 가맹점사업자단체 설립에 대한 이야기를 듣고 가맹점주들로 구성된 카카오톡 단체방을 먼저 개설했다. 그런데, 어떻게 알게 됐는지 프랜차이즈 본사 담당자로부터 부재중 전화가 10통이나 와있었다. 담당자의 "가맹점사업자단체요?" 라는 반응에 당황하기도 했지만, 오히려 확신이 들다. 이제 우리도 그냥 '을'이 아니라, 목소리를 내는 존재가 될 수 있다는 것. 우리 점주들은 밤마다 카카오톡 단체방에서 머리를 맞댔고, 어느새 스무 명이 넘는 사장님들이 모였다. 혼자가 아닌 '우리'가 되었고, 이제는 당당히 협상 테이블에 앉을 수 있는 사람들이 된 것 같은 느낌이 들었다.

그러나 산 넘어 산이다. 뜻을 함께하는 점주들만 함께 했지 구체적으로 어떻게 점주단체를 구성하고 관련한 회칙을 만들지 너무나 막막하다. 밤늦게까지 가맹점주사업자단체에 대한 공부를 하느라 밤을 새운다. 이럴 때는 역시 가맹가래사에게 물어보는 게 좋겠다.

TIP!

가맹거래사가 알려주는 가맹점사업자단체 구성하는 법

Step 1: 공감대 형성과 참여자를 모집합니다.
매장방문, 오픈채팅 등을 활용해 점주들 모집하고 가맹점사업자단체의 이름을 함께 정합니다.

Step 2: 회칙과 운영체계를 만듭니다.
회칙 구성 항목 예시: 제1조(명칭), 제2조(목적), 제3조(회원 자격), 제4조(운영위원), 제5조(의결 방식), 제6조(회계 관리), 제7조(해산 절차)

Step 3: 회원 명부 작성 및 공식 구성을 선언합니다.
점포명, 소재지, 점주명, 연락처 등을 포함한 명부 작성하고 가맹점사업자단체 구성 선언서는 공문형태로 작성해서 다른 점주님들과도 공유합니다.

Step 4: 본사에 가맹점사업자단체 구성을 알리고 안건을 정하여 협의를 요청합니다.
협의 항목: 광고비, 공급가, 계약 갱신 조건 등
공문 내용: 회칙, 회원 명부, 구성 선언서 첨부
전달 방식: 이메일, 등기, 내용증명

Step 5: 회의 및 안건에 대한 세부적인 절차를 진행합니다.
본사가 회신할 경우: 회의록 작성, 합의내용은 서면으로 남기고, 거부할 경우에는 거부 사유 및 세부내용을 수집하여 한국공정거래조정원에 분쟁조정을 신청하거나 공정거래위원회에 신고할 수 있습니다.

이제 가맹점사업자단체는 어느 정도 틀을 갖췄다. 회칙도 만들고, 회원 명부도 정리했고, 공문도 쓸 수 있게 되었다. 하지만… 정작 본사와 '무엇을', '어떻게' 협의해야 할지가 너무 막막하다. 공문은 보냈는데, 그 다음은 뭘 해야 하지? 만약 본사에서 무응답이면, 우리가 어떻게 해야 하지? 광고비 조정, 공급가 인하, 위약금 조정 같은 건 대체 어디까지 요구할 수 있을까… 수십 번 머릿속에서 시뮬레이션을 돌려봤지만, 그 어느 것도 자신이 없다. 우리는 협상 테이블에 앉을 준비가 돼 있는 걸까?

단톡방에서 점주분들과 의견을 나누지만, "그래도 가맹점사업자단체 대표인 김가맹 님이 먼저 말씀해 주세요…." 라는 말만 돌아올 뿐이다. 그 말, 이젠 익숙하지만 여전히 외롭다. '우리'가 되었는데도, 이런 일은 늘 혼자 해야 하는 느낌이다. 그래서 결국 또 전화를 걸었다.

김가맹: 가맹거래사님, 프랜차이즈 본사에 공문은 보냈고요. 그런데 회신이 없으면 어떻게 해야 하나요? 또 협의할 항목은 광고비, 공급가, 위약금인데… 이걸 어떤 논리로 설명해야 할지 모르겠어요.

가맹거래사: 점주님, 협의란 건 '협박'이 아니라 '논리'예요. 우리가 요구하는 게 '합리적'이어야 합니다. 예를 들어, 광고비를 줄여달라고 하면, '이러이러한 사유로 광고 효과가 저조했다'는 자료, 공급가를 낮춰 달라고 하면 '시장 평균 단가와의 비교 자료', 위약금이 지나치게 높다 싶으면, '계약상 불공정성 조항 근거'를 갖추는 게 핵심입니다.

김가맹: 그럼 본사에서 회신이 없으면요?

가맹거래사: 그럴 땐 분쟁조정 신청을 하셔야죠. 한국공정거래조정원, 또는 지방자치단체에 가맹점사업자단체 협의 거부를 이유로 분쟁조정을 신청할 수 있습니다. 그 전엔 최소 2~3회 공문과 이메일, 내용증명 등으로 협의 노력을 '기록'으로 남겨 두시는 게 좋아요.

김가맹: 가맹점사업자단체를 만들었어도, 싸움이 아니라 '논리'로 대화해야 한다는 거네요! 그리고 그 대화는 말보다 '기록'과 '자료'가 더 중요하구요.

가맹거래사: 네 맞아요!

2024년 8월 27일, 맑음

가맹거래사의 조언을 듣고, 가맹점사업자단체 명의로 공식 공문을 보냈다. 광고비 배분 방식에 대한 협의 요청의 건. 사실, 보내기 직전까지 손이 떨렸다. 혹시 '찍히는 건 아닐까.', '혼나는 건 아닐까.' 온갖 생각이 스쳐갔다. 그리고 오늘, 본사에서 회신이 왔다. 공감되는 부분이 많고, 공식적으로 협의를 하자고 한다. 이게 끝은 아닐지 몰라도, 시작인 건 확실하다. 단체로 말하니 진짜 통하긴 통하는구나….

2-1 가맹점사업자단체 활동을 방해 받았다! 내가 할 수 있는 법적 대응은?

2024년 9월 3일, 바람

가맹점사업자단체의 회장으로 활동한 지 한 달이 지났다. 매장은 그럭저럭 운영을 계속하고 있다. 그런데, 며칠 전에 프랜차이즈 본사로 발주한 식자재가 아직도 오지 않았다. 프랜차이즈 본사의 슈퍼바이저에게 물어보니 창고 문제로 누락됐다는 말만 한다. 그런데, 다른 점포는 멀쩡히 배송받았다는 걸 알고 나서부터, 모든 게 달라 보였다. 단순 착오?

그 순간, 머리를 때리는 단어가 하나 있었다. '부당한 가맹점사업자단체활동 방해'. 이게 진짜 현실이구나. 이건 그냥 사적 갈등이 아니라, 명백한 위법행위다. 「가맹사업법 제14조의3」 조문을 다시 한 번 찾아 읽었다. '가맹점사업자의 단체활동을 부당하게 방해하거나 불이익을 주는 행위는 금지된다.', '위반 시 과태료 부과 및 행정조치 대상이다.'

이런 프랜차이즈 본사의 행위가 가맹점사업자단체 활동 방해 행위가 맞는지, 내일 아침 일찍 가맹거래사에게 물어봐야겠다.

KEYPOINT

가맹점사업자단체의 활동은 법이 보장합니다. 가맹본부는 점주가 단체(가맹점사업자단체)에 구성 · 가입 · 활동했다는 이유로 어떤 불이익도 주면 안됩니다.

가맹본부가 주는 불이익의 예시

유형	구체적 행위	실제 사례 예시
계약 불이익	가맹점사업자단체 참여 이유로 계약 갱신 거절 또는 해지	"대표를 맡았다고 계약 연장 거절당함"
차별 제공	광고 제외, 물류 차등, 교육 제외 등	"광고 이벤트에 우리 매장만 빠졌어요."
회유 · 협박	탈퇴 권유, 본사 압박, 간접 비방	"'대표님 리스트에 올랐어요'라는 말 들음…"
수시 위생점검	회의 시간에 점검, 갑작스런 일정 잡기	"가맹점사업자단체 모임 시간마다 점검 온대요!"
계약 조건 강요	'단체 미가입'을 계약 조건으로 삽입 시도	"가맹계약서에 '가맹점사업자단체 미가입' 넣자고요?"

가맹점사업자단체활동 방해 사례

[사례 A] 가맹점사업자단체활동 이후, 계약해지까지

"전국에 우편 보냈더니, 우리 매장 시계가 멈췄습니다."

2021년, 한 점주는 '전국0000가맹점사업자단체' 출범을 위해 전국 매장에 우편을 발송했습니다. 내용은 사모펀드 인수 후 본사, 점주 이익 외면이라는 현실 진단. 하지만 그날 이후, 물류가 끊기고 계약해지 통보가 날아오고 매장의 시계는 멈췄습니다. 본사는 '허위사실 유포'를 문제 삼았지만, 법원에서는 '사실 기반 주장'이라며 무혐의 처분을, 공정위는 본사에 시정명령을 내렸습니다. 단체활동을 이유로 거래를 끊은 건 명백한 법 위반!

[사례 B] "회장직 내려놔야 계약 유지됩니다?"

"'그 직책 계속 맡으면… 계약 끝날 수 있어요', 그 말을 듣고, 일주일을 잠 못 잤습니다."

OOOO 본사는 가맹점사업자단체 회장을 맡은 점주에게 회장직 사퇴를 반복적으로 권유하고 계약 종료, 소송, 조직 와해까지 암시했습니다. 공정위가 조사하니 명백히 드러났죠. "가맹점사업자단체 활동 자체를 문제 삼고, 단체를 해체하려는 건 '불공정거래행위'이자 '단체활동 방해'입니다." 가맹본부가 해선 안될 선 넘는 압박이었습니다.

[사례 C] 광고에서 빠지고, 물류는 멈추고…

가맹점사업자단체 활동이 본격화되자, 특정 매장만 광고 제외, 매장 담당자 교체, 물류 배정 변경 등 묘하게 가맹점사업자단체 활동한 매장만 골라 일어난 일들이 생깁니다. "가맹점사업자단체에서 활동하는 점주는 관리가 어렵다."는 말이 결국 '관리 포기'로 이어졌고, 광고가 누락된 점포가 실제로 확인됐습니다.

TIP!

가맹점사업자단체 불이익 제공에는 이렇게 대응하세요

1) 기록 남기기
   – 발언, 문자, 방문기록, 회의 중 방해 정황 캡처
   – 동일 사례 점주들과 공동 증언 확보
2) 가맹점사업자단체 명의로 경고 공문 발송
   – "본부의 특정 행위가 가맹점사업자단체 활동을 위축시키고 있음"을 명시
   – 『가맹사업법』 위반 소지 있음 경고
3) 공정거래조정원 신고 or 한궁공정거래조정원 분쟁조정 신청
   – 가맹점사업자단체 구성 · 활동 방해는 법적 절차로 바로 대응 가능

2024년 9월 24일, 비

이제는 우리 목소리에도 법이 생긴다고 한다. 오늘 아침, 커피숍 오픈 준비를 하면서 무심코 휴대폰 뉴스를 넘기다 한 기사가 눈에 띄었다.

"가맹점사업자단체, 본사에 교섭 요구하면 반드시 응해야… 내년 하반기 시행 전망"

잠이 번쩍 깼다. 가맹점사업자단체 단체교섭권? 가맹점사업자단체 등록제?

이건 그냥 신문에 실리는 법률 기사가 아니라, 우리 가맹점사업자단체 단톡방에서 지난 6개월 간 쏟아낸 절규가 법안으로 실린 순간이었다. 그동안 우리가 아무리 정성껏 공문을 써도 효과가 미비했는데, 그런데 이젠 다르다. 일정 요건만 충족하면 가맹점사업자단체를 '공식 등록'할 수 있고, 본사는 교섭 요청을 '반드시' 받아야 하며, 정당한 이유 없이 거부하면 과징금, 형사처벌까지 가능하다고 한다. 기사 하단에 적힌 구절이 오래도록 머릿속에 남았다.

"지금까지 가맹점주의 협의는 '희망사항'에 불과했지만, 앞으로는 '권리'로 자리 잡을 것이다."

KEYPOINT

이제는 달라집니다

「가맹사업법 개정안」 2025년 하반기 국회 통과 논의 중

단체 등록제 도입: 일정 요건을 충족한 가맹점사업자단체는 '공식 단체'로 등록 가능

교섭 의무화: 본사는 등록된 가맹점사업자단체의 교섭 요청에 반드시 응해야 함

거부 시 제재: 정당한 이유 없이 거절하면 시정명령, 과징금, 형사고발 가능

03

프랜차이즈 점주의 노무관리 방법

2024년 9월 30일, 소나기

5일 전, 오픈 시간이 한참 지났는데도 직원이 보이지 않았다. 직원은 출근 시간이 한참 지나서야 부랴부랴 도착했다. 지각이 벌써 세 번째라, 결국 한마디 했었다.

"다음엔 좀 조심하자. 계속 이럴 거면 그만 나와도 돼!"

내 말에 직원 표정이 굳더니, 조용히 퇴근해 버렸다. 문자 한 통이 도착했다.

"사장님, 오늘부로 그만두겠습니다."

그저 지각했다고 말했을 뿐인데, 사직 문자를 받았다. 그리고 오늘은… 노동청에서 전화가 왔다.

"여기 노동청인데요. 혹시 퇴사 압박하신 적 있으세요?"

그날 이후, 노무관리를 완전히 다른 눈으로 보기 시작했다. 우리 매장 직원은 나 포함 4명. 솔직히 말하면, 나도 그렇게 생각했다. '5인 미만이면 웬만한 노동법은 적용 안 되잖아?' 그런데 우연히 본 노무사 유튜브 영상을 보고 충격을 받았다. "5인 미만이라도 퇴직금, 주휴수당, 고용보험은 반드시 지켜야 합니다." 주휴수당? 퇴직금? 전혀 몰랐다. 이제라도 하나씩 제대로 알아봐야겠다고 다짐했다.

KEYPOINT

5명이 되는 순간, 뭐가 달라지지?

- 5명부터 적용되는 규정
  - 연차 휴가
  - 해고 예고 및 부당해고시 절차적 구제 보호
  - 연장근로 가산수당
  - 주 52시간제 적용 등
  - 중대재해처벌법 적용
- 5명이 안 되어도 지켜야 할 규정
  - 최저임금
  - 주휴수당
  - 연장근로수당
  - 퇴직금 (1년 이상 근속 + 주 15시간 이상 근로 시)
  - 고용보험 가입 의무
  - 산재보험 가입 의무
  - 임금명세서 발급 의무(2021년부터 전 사업장 의무화)

2024년 10월 2일, 맑음

며칠 전, 지각 문제로 직원에게 한마디 했던 그날 이후로 나는 잠이 오지 않는다. "그만 나오세요."라고 직접 말한 건 아니었지만, 속상한 마음에 말이 좀 거칠게 나갔던 것 같다. 결국 직원은 문자로 퇴사 의사를 밝혔고, 며칠 뒤에는 노동청에서 전화까지 왔었다. 그날 이후, 나는 커피를 내리기 전에 출근부부터 먼저 확인하고, 영수증보다 근로계약서를 먼저 챙기게 됐다.

솔직히 고백하자면, 지금까지 우리 매장 운영은 대충대충이었다. 계약서는 구두로 "일주일에 5일, 오후에만 나와요~." 출퇴근은 그냥 느낌으로 "그쯤 나왔던 것 같아요~." 시급도 2022년 기준 그대로, "그냥 전에 주던 대로~."

그땐 몰랐다. 문제가 생기면, 기억이 아니라 문서가 필요하다는 걸. 노동청은 "기억"이 아니라 "기록"을 본다. '노동법은 회사가 크고 작고를 따지지 않는다.' 정말 그 말이 뼈에 사무친다. 기준보다 더 무서운 건, 기록이 없는 것이었다.

KEYPOINT

지켜야 하는 대표적인 의무 4가지

첫째, 근로계약서는 반드시 서면으로 작성하고 사본을 직원에게 줘야 합니다. 말로 했다고 계약이 무효가 되는 건 아니지만, 서면이 없으면 문제가 생겼을 때 증거가 없습니다. 계약서에는 일하는 기간, 근무시간, 시급, 휴게시간, 휴일 등이 꼭 포함되어야 합니다.

둘째, 주휴수당과 최저임금 기준을 정확히 계산해야 합니다. 주당 15시간 이상 일하는 직원에게는 주휴수당을 줘야 하는데, 이걸 포함한 주급이나 월급이 최저임금보다 낮으면 임금체불이 됩니다. 계산 실수도 처벌 대상이 될 수 있으니, 반드시 체크해야 합니다.

셋째, 1년 이상 근무한 직원에게는 퇴직금을 줘야 합니다. 여기서 중요한 건 '일한 기간'과 '주당 근무시간'입니다. 주 15시간 이상, 1년 이상 일한 직원이라면 아르바이트라도 퇴직금 지급 대상입니다. 퇴직금 미지급은 진정 접수 → 지급명령 → 미지급시 형사고발로 이어질 수 있습니다.

넷째, 고용보험과 산재보험은 반드시 가입해야 합니다. 고용보험은 직원이 1명만 있어도 가입해야 하고, 산재보험은 전 사업장 필수입니다. 가입 안 했다가 직원이 다치면, 치료비와 보상금은 전부 사장님 부담입니다.

잘못하면 생기는 실제 위험

- 근로계약서를 안 썼다? → 한 명당 최대 5백만원 이하 과태료
- 주휴수당을 안 줬다? → 임금체불로 노동청 진정 가능, 시정지시 또는 검찰 송치
- 퇴직금을 안 줬다? → 지급명령부터 민사소송, 나중엔 압류까지 이어질 수 있음

- 산재보험 미가입 상태에서 사고 발생? → 전액 사장님이 직접 부담, 여기에 과태료까지 추가
- 고용보험 미신고? → 실업급여 문제가 생기고, 추징 조치 가능

TIP!

이 4가지만 지켜도 노동청 진정은 피할 수 있습니다

점검 체크리스트
· 직원과 서면 계약서, 쓰셨나요?
· 고용보험과 산재보험, 모두 가입되어 있나요?
· 주휴수당 포함해서 월급 계산하셨나요?
· 1년 이상 일한 직원에게 퇴직금 정산, 하셨나요?

2024년 10월 9일, 안개

어제는 프랜차이즈 본사에서 주최한 노동법 실무교육에 다녀왔다. 사실 큰 기대 없이 참석했는데… 끝나고 나서 멘붕이 왔다.

"계약서 안 썼다고 1백만 원 벌금?"

"프리랜서를 계약서 써도, 실제로는 근로자라고요?"

"출퇴근 기록 없으면, 전부 사장 책임이라고요?"

강의 시간 내내, 내 매장 이야기 같았다. 진짜, 심장이 쿵 내려앉는 기분이었다. 강의시간에 노무사에게 들은 사례를 적어 본다.

사례① "근로계약서 안 썼다가 벌금까지 냈습니다…."

서울 마포구에서 8평짜리 덮밥집을 운영하는 박 사장님. 직원은 정직원 2명, 아르바이트 2명. 매일같이 바쁘게 불판 닦고 배달 싸느라 서류는 늘 뒷전이었습니다.

"우린 5인도 안 되는데, 굳이 계약서까지 써야 하나요?"

이 말, 박 사장님은 습관처럼 해왔습니다. 직원들과는 서로 신뢰한다고 생각했죠. 그런데 일이 터졌습니다. 1년 넘게 일한 아르바이트 B가 주휴수당 미지급을 이유로 노동청에 진정을 넣었고, 며칠 뒤 근로감독관이 매장에 직접 찾아왔습니다.

"사장님, 근로계약서는요?"

"어… 그게요, 그냥 말로만 했어요."

"근무시간표나 기록은?"

"단톡방에서 대충 얘기하고, 출근은 그냥…"

박 사장님은 이로 인해서 180만원을 추가로 지불해야 했다.

"서로 믿고 일했는데 계약서 하나 없다고 이렇게까지 벌금이 나올 줄은 몰랐어요."

근로계약서 미작성 과태료: 2명 × 50만 원 = 100만 원

주휴수당 미지급: 약 80만 원

노동청 출석 조사: 매장 비워야 했고, 직원과 관계도 악화

사례② "3.3% 아끼려다 산재 터졌습니다…."

경기도 일산에서 감성카페를 운영하는 김 사장님. 알바생 4명을 두고 전부 프리랜서 계약서를 써서 3.3% 공제 후 급여를 줬습니다.

"알바도 4대 보험 들면 인건비가 너무 올라가요."

그래서 인터넷에서 프리랜서 계약서 양식을 복사해서 이름만 바꾸고 쓰셨죠. 그런데 사고가 났습니다. 주방 알바생 C가 뜨거운 커피포트를 엎질러 다리에 화상을 입고 병원에 입원한 것입니다.

"사장님, 산재 처리 좀 부탁드려요."

"어… 너는 프리랜서니까 안 돼…." 라고 말했지만, 노동청은 다르게 판단했습니다.

실제 근무 형태는 출퇴근 시간 고정, 유니폼 착용, 매니저 지시에 따라 일함, 전업으로 해당 매장에서만 일함 → 노동청 결론: "이건 명백한 근로자입니다."

산재 치료비 상당 부분은 사장님께서 부담하고 치료 기간 동안의 급여, 그동안 내지 않은 산재보험료 외에 고용보험료까지 추가로 지불했습니다.

"알바생이 다친 건 안타까웠지만, 결국 내 통장이 더 크게 데였어요… 3.3% 아끼려다가 몇 백만 원 날아갔습니다."

김 사장님의 후회입니다.

2024년 10월 10일, 맑음

교육을 다녀온 뒤, 종일 머릿속이 복잡했다. 나는 그동안 '몰라서' 못한 줄 알았는데, 사실은 '설마 그렇게까지야?' 하고 넘긴 게 더 컸다.

'우리 가게는 직원이 4명밖에 안 되는데…', '아르바이트생이랑 사이 좋게 지내면 문제 생길 일 없지', '프리랜서 계약서 하나 쓰면 괜찮겠지.'

…그게 다 착각이었다. 노동법은 사람 수로 면죄부를 주지 않는다. 기록 없는 사장에게만 가혹하게 작용할 뿐이다. 오늘 강사님 말씀이 뼛속 깊이 박혔다.

"노동법은 사장도, 직원도 편들지 않습니다. 다만, 모르는 자에게 가장 가혹하게 굴 뿐입니다."

그래서 적었다. 메모장에. 그리고 매장 벽에 붙이기로 했다.

KEYPOINT

근로계약서: 수습기간, 해고 기준까지 꼭 써야 한다.

→ "수습 3개월 / 무단결근 3회 시 채용 부적격" 다 적어두고, 서로 서명한 종이 한 장이 얼마나 강력한 방패인지 이제 알았다.

출퇴근 기록: 출퇴근 지문 기록기가 없으면 손글씨라도 남겨야 한다.

→ "출근했어요~." 한 줄 단톡방 메시지도 증거다. 매장 앞에 수기 출근부 하나 놔둬야겠다.

급여명세서: 기본급, 주휴수당, 공제 그리고 한 달 동안 몇 시간을 근무했는지 기본시급은 얼마인지 써야 한다.

→ 문자, 카톡, 이메일 모두 OK. 단, 기록은 꼭 남겨야 한다. 급여일마다 템플릿 만들어서 자동 발송하기로 했다.

퇴사확인서: '자발적 퇴사'를 문서로 남겨야 실업급여 · 퇴직금 분쟁을 막을 수 있다. 다음부터는 아르바이트생이 그만둘 때 꼭 한 장 써야겠다.

PART 03

폐점까지도 전략이다

01

더 이상은 참을 수 없다, 가맹본부와 연을 끊는 법! (계약해지)

김해지 / 남성 / 40세 / ISTJ

김해지는 대기업에서 20년간 근무한 후 명예퇴직 시 받은 퇴직금과 대출로 치킨 프랜차이즈를 시작했다. 체계적인 성격답게 창업 전 철저히 준비했다고 생각했지만, 막상 운영해 보니 본사의 일방적인 정책 변경과 과도한 간섭으로 어려움을 겪고 있다. 특히 최근 본사가 일방적으로 로열티를 인상하고 새로운 의무사항들을 추가하면서 더 이상 참을 수 없는 지경에 이르렀다.

2025년 5월 15일, 흐림

더 이상 참을 수 없다. 오늘도 새벽 5시에 매장에 나와 하루를 준비하고 있었는데, 3년 전 꿈에 부풀어 시작한 치킨 프랜차이즈였지만 지금은 매일이 고역이다.

3년 전, 본사는 나에게 화려한 수치들을 제시했었다. "월 매출 3천만 원은 기본이고, 수익률은 30% 이상 나옵니다. 원금 회수는 1년 반이면 충분해요." 하지만 현실은 달랐다. 매출은 약속한 것의 절반도 안 나왔고, 실제 운영 비용들을 제하면 수익률은 고작 10%도 되지 않았다. 2년이 넘도록 원금 회수는 요원했다.

'그때 본사가 보여준 매출 자료들이 정말 진짜였을까?' 나는 의구심을 품었지만, 이미 수천만 원을 투자한 상황에서 돌이킬 수는 없었다. 더욱이 인근에 같은 브랜드 가맹점들을 보면 매출이 괜찮아 보이는데, 유독 자신의 매장만 안 되는 것 같아 자책하며 버텨왔다.

어제 본사에서 또 다른 공문이 왔다. 로열티를 기존 매출의 3%에서 5%로 인상한다는 내용이었다. 게다가 새로운 포장재를 의무적으로 사용해야 하고, 매월 광고비도 추가로 납부해야 한다는 조건들이 덧붙여져 있었다. 아르바이트생 민수가 공문을 보며 "사장님, 이거 진짜 말이 안 되지 않아요?"라고 말했다. 나도 "그러게 말이야. 계약할 때는 이런 얘기 전혀 없었는데…"라고 말하며 한숨을 내쉬었다.

서랍에서 3년 전 체결한 가맹계약서를 꺼내 다시 한 번 살펴봤다. 분명히 로열티는 3%로 명시되어 있었고, 일방적인 변경에 대한 조항은 어디에도 없었다. 본사가 계약을 위반한 게 아닌가 싶다. 그동안 참고 견뎌왔지만, 이제는 더 이상 버틸 수 없다. 매출은 정체되어 있는데 각종 비용은 계속 증가하고 있다. 본사에 항의해봤지만 "전체 정책이니 따라야 한다."는 답변만 돌아왔다.

며칠을 고민한 끝에 나는 마침내 결심했다. 가맹계약을 해지하기로…

2025년 5월 20일, 맑음

오늘 〈가사모〉에서 만난 나의지 사장에게 고민을 털어놓았다. 나의지 사장은 최근 본사와의 계약갱신 분쟁을 성공적으로 해결한 경험이 있어 조언을 구하기에 적절한 사람이었다. "해지 사장님, 그런 일이 있으셨군요. 사실 많은 점주분들이 잘 모르시는데, 가맹점주도 정당한 사유가 있으면 계약을 해지할 수 있어요."라고 나의지가 말했다.

나는 놀라며 "정말요? 전 본사만 계약을 해지할 수 있는 줄 알았는데…."라고 반응했다. 나의지는 "아니에요. 가맹사업법에서는 가맹점주의 권리도 보호하고 있거든요. 특히 본사가 계약을 위반하거나 중대한 의무를 다하지 않을 때는 점주가 먼저 계약을 해지할 수 있어요."라고 설명했다. 그리고 자신이 상담받았던 가맹거래사를 소개해주며 전문적인 조언을 받아보라고 권했다.

희망이 보이기 시작했다. 혼자 끙끙 앓지 말고 전문가에게 도움을 요청해 보는게 좋을 거 같다.

2025년 5월 22일, 비

오전에 서둘러서 나의지 사장이 소개해 준 가맹거래사 사무실을 찾았다. "안녕하세요, 김해지라고 합니다. 나의지 사장님 소개로 왔습니다." 가맹거래사는 "아, 나의지 사장님이 말씀해 주셨어요. 계약해지 건으로 상담받으러 오셨다고 하던데, 구체적으로 어떤 상황인지 설명해 주시겠어요?"라고 물었다.

그동안의 상황을 자세히 설명했다. 일방적인 로열티 인상, 추가 비용 부과, 계약서에 없던 새로운 의무사항들에 대해 차근차근 이야기했다. 가맹거래사는 내 설명을 듣고 "음, 말씀하신 내용을 보면 본사가 가맹계약을 위반한 것이 맞는 것 같네요. 가맹점주님도 충분히 계약해지를 주장할 수 있는 상황입니다."라고 답했다.

가맹거래사는 가맹점주가 계약을 해지할 수 있는 경우들을 자세히 설명해주었다.

첫 번째는 본사의 계약 위반으로, 계약서에 명시된 조건을 일방적으로 변경하는 경우, 로열티나 가맹금을 임의로 인상하는 경우, 약속된 지원을 제공하지 않는 경우가 여기에 해당한다.

두 번째는 본사의 중대한 의무 불이행으로, 상품 공급을 중단하거나 거부하는 경우, 영업지원이나 교육을 제공하지 않는 경우, 영업지역을 침해하는 경우 등이 포함된다.

세 번째는 불공정거래행위로, 구입강제나 거래상대방 구속, 부당한 경제적 이익 제공 강요, 보복조치나 차별대우 등이 이에 해당한다.

네 번째는 기타 정당한 사유로, 본사의 도산이나 폐업, 상표권 소멸이나 분쟁, 기타 계약 목적을 달성할 수 없는 사유들이 있다.

또 가맹거래사는 "가맹점주가 계약을 해지할 때도 올바른 절차를 따라야 합니다."라고 강조했다.

계약해지 절차는 먼저 본사에 문제사항에 대한 시정을 요구해야 한다. 내용증명우편으로 구체적인 위반사항과 시정 요구사항을 명시하여 발송하는 것이 좋으며, 합리적인 시정기간을 부여해야 하는데 통상 1개월 정도가 적절하다. 그럼에도 불구하고 시정이 이루어지지 않을 경우 계약해지 의사를 내용증명 우편으로 통보하는 것이다.

내 경우 본사의 일방적인 계약 변경이 명백한 계약 위반에 해당하므로 충분히 해지 사유가 된다고 했다. 다만 절차를 정확히 밟아야 나중에 분쟁이 생겼을 때 유리한 위치에 설 수 있다고 조언해 주었다.

2025년 5월 25일, 맑음

가맹거래사의 조언에 따라 체계적으로 계약해지 절차를 시작했다. 우선 1차 내용증명을 발송하여 시정을 요구했다. "귀하가 2025년 5월 14일자로 통보한 로열티 인상과 추가 비용 부과는 가맹사업법 제12조의4에 위반되는 일방적 계약 변경입니다. 이에 로열티를 기존 3%로 유지하고, 추가 부과된 비용을 철회하며, 향후 일방적 계약 변경을 중단할 것을 요구합니다. 본 통지 후 30일 이내 시정하지 않을 시 가맹계약을 해지함을 통보

합니다."라는 내용으로 공식 문서를 보냈다.

이제 본사의 반응을 기다려 보자. 과연 시정할 의지가 있을까?

한달 후…

2025년 6월 25일, 더움

30일이 지났지만 본사에서는 "전체 정책이므로 변경 불가"라는 답변만 보내왔다. 시정 의지가 전혀 없음을 확인했다. 이제 최종 해지 통보를 발송할 때다. "귀하의 계약 위반에 대한 시정 요구에도 불구하고 아무런 조치를 취하지 않았으므로, 가맹계약을 즉시 해지함을 통보합니다. 해지 사유는 가맹계약서 위반으로 인한 일방적 조건 변경이며, 해지 일자는 2025년 7월 1일입니다."라는 내용으로 최종 통보했다.

예상대로 본사에서는 강하게 반발했다. "정당한 해지 사유가 아니다."라며 오히려 나에게 위약금 5천만 원을 청구해 왔다. 걱정스러워서 가맹거래사에게 연락했더니 "예상된 수순이에요. 본사 입장에서는 쉽게 포기할 수 없으니까요. 하지만 우리는 충분한 근거와 절차를 갖추고 있으니 걱정하지 마세요. 필요하다면 분쟁조정 등 법적 대응도 준비되어 있고요."라고 안심시켜 주었다.

약 40일 간의 분쟁조정 절차가 지나고….

2025년 8월 10일, 맑음

드디어 모든 것이 해결되었다! 분쟁조정을 통해 원만하게 정리되었다. 조정위원회에서는 본사의 일방적 계약 변경이 부당하다고 인정하면서도, 양측의 손실을 최소화하는 방향으로 조정안을 제시했다.

최종 합의 내용은 계약해지를 인정하고, 위약금을 면제하며, 기존 재고는 본사가 회수하고, 간판 및 시설 철거비용은 점주가 부담하는 것이었다.

특히 내가 강력히 요구했던 경업금지 조항도 삭제하기로 합의했다. "해지 사유가 본사의 계약 위반에 있으므로 경업금지 조항을 적용하는 것은 부당하다."는 조정위원회의 판단이었다. 결국 원하던 대로 해지가 되었고 위약금도 내지 않게 되었으며, 앞으로 어디서든 치킨집을 할 수 있게 되었다.

처음부터 정당한 절차를 밟았기 때문에 가능했던 결과다. 만약 그냥 일방적으로 영업을 중단했다면 훨씬 불리한 상황이 되었을 것이다. 이 경험을 통해 알았다. 가맹점주도 본사의 부당한 행위에 대해서는 당당히 맞설 수 있다는 것을. 다만 감정적으로 대응하기보다는 법적 근거를 갖추고 체계적인 절차를 통해 접근하는 것이 중요하다는 것을.

이제 새로운 시작을 준비해야겠다.

KEYPOINT

가맹점주의 계약해지권

– 가맹점주도 정당한 사유가 있으면 계약을 해지할 수 있습니다.
– 본사의 계약 위반, 의무 불이행, 불공정거래행위 등이 주요 해지 사유입니다.
– 민법상 채무불이행 해지권도 함께 활용할 수 있습니다.

절차의 중요성

– 시정 요구 → 시정 기간 부여 → 최종 해지 통보의 단계를 거쳐야 합니다.
– 모든 통보는 내용증명우편으로 발송하여 증거를 남겨야 합니다.
– 일방적 영업 중단은 오히려 계약 위반이 될 수 있으므로 주의해야 합니다.

임의폐점시 발생할 수 있는 주요사항

– 위약금 및 손해배상 청구
– 법적 분쟁 및 소송

TIP!

계약해지 전 준비 사항

- 본사의 위반 행위에 대한 증거자료 수집 (공문, 녹취, 이메일 등)
- 가맹계약서 및 관련 서류 정리
- 가맹거래사나 변호사와 사전 상담 진행

해지 후 예상 분쟁 대비

- 분쟁조정 신청 준비 (비용 절약, 신속 해결)
- 위약금 부당성 입증 자료 준비
- 재고 처리 및 시설 철거 계획 수립

협상 포인트

- 가맹본부의 가맹사업법 위반사항을 면밀히 검토
- 상호 손실 최소화 방향으로 접근
- 위약금보다는 실제 손해 중심으로 논의
- 향후 영업에 지장이 없도록 경업금지 배제조건 협의

02

매장을 접는데, 왜 이렇게 할 게 많지?
(매장 정리 과정)

2025년 8월 12일, 무더움

계약해지는 성공적으로 마쳤지만, 이제 새로운 고민이 생겼다. 계약해지가 끝이라고 생각했는데, 매장을 체계적으로 정리해야 한다는 것을 깨달았다. 단순히 문을 닫으면 되는 게 아니라, 3년간 쌓아온 모든 것들을 정리해야 한다.

2025년 8월 20일, 무더움

계약해지가 되고, 폐점을 할지 고민하다가 온라인 카페에 가게 양도 글을 올렸더니 다행히 적당한 가격에 양수를 하겠다는 사람이 나타났다.

가게를 양수하겠다는 박양수 씨는 의욕은 충분하지만 치킨 사업 경험이 전혀 없다. 그래서 내가 최대한 자세하게 인수인계를 해드려야 한다. 이것도 일종의 매장 정리 과정이라고 할 수 있겠다.

2025년 8월 25일, 맑음

오늘부터 본격적인 인수인계를 시작하기로 했다. 기존 가맹본부의 레시피는 사용할 수 없지만 나름대로 연구하여 알게된 여러 레시피와 함께 사업 운영 노하우를 전해 주려고 한다.

첫 번째 단계는 직원 관리다.

양도 과정에서 직원들에게는 이미 상황을 설명해 뒀지만, 이제 새로운 사장님과의 관계를 시작해야 한다.

정규직 김실장과 파트타임 직원들을 박양수 씨에게 소개했다. "김실장님은 3년 넘게 함께 일하신 분이에요. 매장 운영에 대해서는 저보다 더 잘 아실 거예요. 꼭 계속 모셔가세요."라고 박양수씨에게 당부했다.

김실장은 "새 사장님, 잘 부탁드려요. 그동안 해지 사장님과 함께 쌓아온 노하우를 모두 전수해 드릴게요."라고 말했다. 다행히 모든 직원들이 새로운 사장님과 계속 일하기로 했다.

직원들의 급여 체계, 근무 시간, 업무 분담 등에 대해 자세히 설명해 드렸다. 또한 각 직원들의 성격과 특성, 잘하는 업무 등도 알려드렸다. "민수는 아직 어리지만 손님 응대를 정말 잘해요. 단골 손님들이 민수를 많이 좋아하거든요."

두 번째 단계는 거래처 관리다. 3년간 쌓아온 거래처 관계를 박양수씨에게 인계해야 한다. 치킨 공급업체 담당자를 직접 소개해 드렸다. "이분이 새로운 사장님이세요. 앞으로 잘 부탁드려요." 담당자는 "해지 사장님이 워낙 성실하게 거래해 주셔서 저희도 아쉬워요. 새 사장님도 잘 부탁드립니다."라고 인사했다.

각 거래처별 특징과 주의사항까지 자세히 알려드렸다. "이 업체는 품질은 좋은데 배송이 가끔 늦어져요. 미리 여유 있게 주문하세요.", "저 업체는 현금 할인을 많이 해주니까 잘 협상해 보세요."

또한 거래 조건, 결제 방식, 주문 주기 등도 모두 정리해서 넘겨드렸다. 3년간의 거래 내역과 단가 변동 추이도 함께 정리했다.

세 번째 단계는 장비 및 자산 인계다. 양도 가격에 포함된 모든 장비와 집기들을 정확히 인계해야 한다. 치킨 튀김기부터 시작해서 냉장고, 제빙기, POS 시스템, 테이블, 의자까지 하나씩 점검하며 사용법을 설명해 드렸다. "이 튀김기는 온도 조절이 예민해요. 이 정도로 맞춰 두시면 돼요.", "냉장고는 정기적으로 성에를 제거해 주셔야 해요."

각 장비의 구매 일자, 보증 기간, A/S 연락처 등도 모두 정리해서 넘겨드렸다. 특히 고장이 자주 나는 부분이나 주의해야 할 점들을 상세히 알려드렸다. 재고 현황도 함께 정리했다. 냉동고에 있는 치킨, 각종 양념, 포장재, 일회용품 등의 수량과 유통 기한을 체크했다. "이것들은 모두 양도 가격에 포함된 거니까 잘 활용하세요."

네 번째 단계는 고객 관리 인계다. 가장 중요한 부분이라고 할 수 있다. 나는 단골 고객들을 하나씩 소개해 드렸다. "저 분은 매주 화요일마다 오시는 김사모님이에요. 항상 간장치킨 2마리를 포장하세요.", "저 분은 학교 선생님인데 매운 걸 못 드세요. 순한 맛으로 해드리면 돼요."

멤버십 시스템과 적립금 관리 방법도 자세히 설명했다. POS 시스템에서 고객 정보를 조회하고 적립금을 관리하는 방법, 쿠폰 발행과 사용 처리 방법 등을 실습해보았다.

배달 앱 관리 방법도 알려드렸다. "배달의민족이 주문이 가장 많이 들어와요. 사진 관리나 메뉴 설명을 주기적으로 업데이트해 주세요." 각 배달 앱의 특성과 관리 포인트를 정리해서 드렸다.

마지막 단계는 행정 업무 정리다. 사업자등록, 각종 신고, 세무 관련 업무들을 인계해야 한다. 세무사를 직접 소개해 드렸다. "이분이 새로운 사장님이에요. 앞으로 잘 부탁드려요." 세무사는 "해지 사장님이 항상 성실하게 세무 관리를 해주셔서 일하기 편했어요. 새 사장님도 잘 부탁드립니다."라고 인사했다.

월별 세무 일정, 부가가치세 신고 방법, 종합소득세 관련 업무 등을 자세히 설명했다. 또한 각종 영수증 관리 방법, 장부 작성 요령 등도 알려드렸다.

임대차 계약서와 각종 보험 관련 서류들도 정리해서 넘겨드렸다. "임대계약은 내년에 갱신해야 해요. 건물주와 미리 협의하세요." 화재보험, 상해보험 등의 보험료 납부 일정과 갱신 시기도 알려드렸다.

2025년 9월 1일, 맑음

드디어 모든 인수인계가 완료되었다! 일주일간 매일 매장에 나와 박양수 씨와 함께 일하면서 모든 것을 전수해 드렸다.

"정말 감사해요. 이렇게 자세하게 알려 주실 줄 몰랐어요." 박양수 씨가 고마워했다. "당연한 거죠. 저도 처음에 많이 헤맸거든요. 박 사장님은 그런 시행착오 없이 바로 시작할 수 있을 거예요."

김 실장도 "해지 사장님 덕분에 새 사장님과도 잘 지낼 수 있을 것 같아요. 그동안 정말 감사했어요."라고 인사했다.

단골 고객들도 새로운 사장님을 잘 받아들이는 것 같다. "새 사장님도 친절하시네요. 맛도 그대로고요."라는 반응이 돌아왔다.

KEYPOINT

체계적인 4단계 정리 절차

– 매장 정리는 인사 관리, 재무 정리, 재고 및 자산 처리, 고객 관리의 4단계로 나누어 체계적으로 진행해야 합니다. 각 단계마다 법적 의무사항과 도덕적 책임을 모두 고려해야 합니다.

충분한 준비 기간 확보

– 최소 1–2개월 전부터 계획을 세우고 관련자들에게 통보해야 합니다. 갑작스러운 폐점은 직원, 거래처, 고객 모두에게 피해를 줄 수 있습니다.

법적 의무사항 준수

– 퇴직금, 예고수당, 각종 세무 신고, 사업자등록 말소 등 법적으로 반드시 이행해야 할 의무사항들을 놓치지 않도록 주의해야 합니다.

TIP!

직원 관계 정리 방법

기존 직원들과 새로운 사장 사이의 중간 다리 역할을 하여 원활한 관계 형성을 도와주세요. 각 직원의 특성과 업무 능력을 상세히 전달하는 것이 중요합니다.

거래처 인계 포인트

단순한 연락처 전달이 아닌 각 거래처별 특성, 거래 조건, 주의사항 등을 상세히 알려 주세요. 가능하면 직접 소개하는 것이 좋습니다.

고객 관리 인계 방법

단골 고객들의 취향과 주문 패턴을 상세히 알려 주고, 멤버십이나 적립금 시스템 관리 방법을 실습을 통해 전수하세요.

운영 노하우 전수법

이론이 아닌 실제 경험을 바탕으로 한 구체적인 팁과 주의사항을 전달하세요. 특히 시행착오를 통해 얻은 노하우가 가장 가치 있습니다.

행정 업무 연계

세무사, 건물주, 보험사 등 관련 업체들을 직접 소개하고, 각종 일정과 절차를 누락 없이 인계하세요.

03

폐점 후에도 지켜야 할 의무가 있다고? (폐점 후 점주의 의무)

2025년 9월 5일, 흐림

매장 인수인계는 완료되었지만, 이제 또 다른 일이 남았다. 계약해지가 끝이라고 생각했는데, 가맹거래사가 "계약해지 후에도 지켜야 할 의무들이 있어요."라고 말씀하셨다.

계약서를 다시 꺼내 살펴보니 "계약 종료 후 의무사항"이라는 조항이 있었다. "영업비밀 준수", "자료 반납" 등의 용어들이 보인다. 다행히 분쟁조정에서 경업금지 조항은 삭제되었지만, 다른 의무들은 여전히 남아있다. 계약해지를 했다고 해서 모든 게 끝나는 게 아니구나.

2025년 9월 8일, 흐림

가맹거래사를 다시 찾아가서 계약해지 후 의무사항에 대해 문의했다. "계약해지는 잘 마무리됐는데, 이제 해지 후에도 지켜야 할 것들이 있다고 하던데 정확히 어떤 의무들이 있나요?"

가맹거래사는 "계약해지를 했다고 해서 모든 의무가 끝나는 것은 아니에요. 다행히 해지 사장님은 분쟁조정에서 경업금지 조항을 배제받으셨지만, 여전히 지켜야 할 의무가 남아있습니다."라며 구체적으로 설명해 주기 시작했다.

첫 번째는 영업비밀 준수 의무다.

가장 중요한 것 중 하나로, 레시피, 운영 노하우 등 가맹본부의 영업비밀을 보호해야 한다. 제3자에게 누설하거나 개인적으로 이용하는 것은 금지되며, 관련 자료 및 매뉴얼을 반납해야 한다. 이는 일반적으로 계약 종료 후에도 지속되는 의무다. "해지 사장님의 경우 양념 등은 가맹본부로부터 납품을 받아 쓰셨으니 특별히 영업비밀이라고 할건 없어 보이네요. 그래도 기본적인 레시피 등은 사용하지 않도록 주의하셔야 됩니다."라고 설명해 주었다.

두 번째는 자료 반납 의무다.

운영 매뉴얼, 교육 자료를 반납하고, 가맹본부 제공 소프트웨어나 시스템 사용을 중단해야 한다. 브랜드 관련 홍보물 및 자료도 폐기해야 한다.

세 번째는 원상복구 의무다.

가맹본부의 표지 등은 모두 제거하거나 바꿔야 한다. 이건 이미 가맹계약이 해지된 시점에 완료를 하였으니 문제가 없었다.

"경업금지 조항이 없어져서 정말 다행이에요. 만약 그 조항이 남아있었다면 2년간 반경 3km 이내에서 치킨집을 할 수 없었을 텐데, 이제는 자유롭게 새로운 사업을 시작하실 수 있어요."라고 가맹거래사가 말했다.

2025년 9월 12일, 맑음

오늘은 실제로 이런 의무들을 어떻게 이행해야 하는지 알아보았다. 경업금지 조항이 없어진 덕분에 앞으로의 계획을 세우기가 훨씬 수월해졌다.

영업비밀 관련해서는 우선 운영 매뉴얼과 레시피 관련 자료들을 모두 정리해서 본부에 반납해야 한다.

자료 반납은 생각보다 간단했다. 본부에서 제공받은 매뉴얼, 교육 자료, POS 시스템 관련 자료 등을 박스에 정리해서 반납하면 된다.

원상복구의 경우 양도가 진행되고 있어서 크게 신경 쓸 필요는 없지만, 만약 양도가 성사되지 않았다면 상당한 비용이 들었을 것이다.

2025년 9월 15일, 맑음

만약 이런 의무들을 제대로 이행하지 않으면 어떻게 되는지 궁금해서 가맹거래사에게 물어봤다. "만약 이런 의무들을 지키지 않으면 어떤 문제가 생기나요?"

가맹거래사는 "여러 가지 법적 문제가 발생할 수 있습니다."라며 구체적인 위험을 설명해 주었다.

영업비밀을 유출할 경우 본사의 경영상 손실에 대한 배상 책임이 발생한다. 특히 경쟁업체에 레시피나 노하우를 제공할 경우 더 큰 손해로 추정되어 분쟁이 장기화될 수 있다. 자료를 미반납할 경우 저작권 침해 문제나 부정경쟁방지법 위반 등의 문제가 발생할 수 있다. 원상복구를 하지 않을 경우 임대인과의 분쟁이나 보증금 문제가 발생할 수 있다.

"다행히 해지 사장님은 계약해지 과정을 정당하게 밟으셨고, 경업금지 조항도 배제 받으셨으니까, 이런 의무들만 잘 지키시면 큰 문제는 없을 거예요."라고 가맹거래사가 안심시켜 주었다.

2025년 9월 18일, 선선함

오늘은 본부에서 제공받은 모든 자료들을 정리해서 반납했다. 운영 매뉴얼, 교육 자료, 브랜드 관련 홍보물들을 박스에 정리하니 생각보다 양이 많았다. 3년간 쌓인 것들이구나.

POS 시스템도 완전히 초기화했다. 고객 정보나 매출 데이터는 별도로 백업해 두고, 본부 제공 프로그램들은 모두 삭제했다. POS업체에서 새로운 메뉴 화면을 만들어 주어서 나름 신선하기도 하였다.

본부에서는 "자료 반납 잘 받았습니다. 계약해지 과정에서 성실하게 협조해주셔서 감사합니다."라고 연락이 왔다. 이제 정말로 본부와의 모든 관계가 정리된 것 같다.

이제 앞으로의 계획을 세워볼 시간이다.

첫 번째 옵션은 같은 지역에서 다른 브랜드 치킨집을 시작하는 것이다. 기존 단골 고객들과 운영 노하우를 그대로 활용할 수 있어서 가장 현실적인 선택이다.

두 번째 옵션은 다른 지역에서 사업을 시작하는 것이다. 더 좋은 입지나 조건을 찾아 새로운 도전을 해볼 수 있다.

세 번째 옵션은 치킨이 아닌 다른 음식이나 아예 다른 분야의 사업을 해보는 것이다.

네 번째 옵션은 가맹점 컨설팅 같은 서비스업이다. 내가 겪었던 경험을 바탕으로 다른 가맹점주들에게 도움을 줄 수 있을 것 같다.

다섯 번째 옵션은 충분히 휴식을 취하며 새로운 기회를 모색하는 것이다. 그동안 너무 바빴으니까 한번 쉬어가는 것도 나쁘지 않을 것 같다.

돌이켜보니 계약해지 후 의무사항들을 제대로 이행한 것이 중요했다. 만약 이런 의무들을 무시했다면 나중에 새로운 사업을 시작할 때 발목을 잡힐 수 있었을 것이다.

첫째, 계약서의 의무 조항을 정확히 파악하고, 애매한 부분은 변호사나 가맹거래사 등 전문가에게 문의했다.

둘째, 귀찮더라도 요구되는 모든 절차를 빠짐없이 이행했다.

셋째, 자료 반납이나 의무 이행 과정을 문서로 남겨 두었다.

이제 정말로 깔끔하게 모든 것이 정리되었다. 경업금지 조항이 없어진 덕분에 앞으로 어떤 길을 선택하든 자유롭게 결정할 수 있다. 새로운 시작을 위한 준비가 완료되었다.

KEYPOINT

폐업 후 주요 의무사항

– 폐업한다고 해서 모든 의무가 끝나는 것은 아닙니다. 영업비밀 준수, 자료 반납, 원상복구 등의 의무가 남아있으며, 계약서에 따라 구체적 내용과 기간이 다를 수 있습니다. 다만 경업금지 조항의 경우 본사의 계약 위반이 명백한 경우 분쟁조정을 통해 배제받을 수 있습니다.

체계적인 폐업 절차 진행

– 본사 통보 및 협의, 재고 정리, 원상복구, 자료 반납 순서로 진행하되 각 단계별로 증빙 자료를 보관해야 합니다. 임대인, 본사, 관련 업체와의 충분한 협의가 원만한 폐업의 핵심입니다.

의무 불이행시 위험 관리

– 손해배상, 위약금, 법적 분쟁 등 다양한 위험이 존재하므로 사전 예방이 사후 해결보다 훨씬 효과적입니다. 전문가 조언을 통한 리스크 관리가 필수적입니다.

TIP!

해지 요청 전 준비사항

가맹계약서의 해지 관련 조항을 정확히 확인하고, 본사와 해지 절차 및 일정을 사전 협의하세요. 재고, 장비 등 자산 목록을 작성하고 처리 방안을 미리 수립하는 것이 중요합니다. 협의가 성사되지 않을 시 분쟁조정 신청을 준비합니다. 이는 변호사, 가맹거래사의 도움을 받도록 합니다.

원상복구 진행시 주의사항

철거 범위를 본사와 명확히 협의하고, 철거 전후 사진 등 증빙 자료를 반드시 보관해 두어야 합니다.

분쟁 예방 포인트

모든 협의 내용을 서면으로 확인하고, 의무 이행 과정에서 증빙 자료를 수집하세요. 애매한 부분은 전문가 상담 후 진행하는 것이 안전합니다.

경업금지 관련 주의사항

과도한 제한 조항은 법적 다툼의 여지가 있으므로 지역, 기간, 업종 범위를 정확히 확인하세요. 위반 시 위약금 규모도 사전에 검토해야 합니다.

04

폐점 후에도 내 인생은 계속된다

2025년 9월 22일, 쌀쌀

모든 정리를 마친 지 며칠이 지났다. 처음 며칠은 정말 허전했다. 3년간 매일 새벽 5시에 매장에 나가던 습관 때문에 자꾸 일찍 깨어나곤 했다. 하지만 이제는 좀 적응이 되었고, 무엇보다 마음이 편하다.

계약해지부터 매장 정리, 그리고 체계적인 의무 이행까지의 과정을 돌이켜보니 정말 많은 것을 배웠다. 특히 가맹사업법, 계약 관련 법률, 분쟁해결 절차, 매장 운영 노하우 등에 대해 전문가 수준의 지식을 쌓게 되었다. 이런 경험이 앞으로 어떻게 활용될지 궁금하다.

2025년 10월 5일, 맑음

오늘 〈가사모〉 모임에서 만났던 정정리 사장님에게서 연락이 왔다. "해지 사장님, 요즘 어떻게 지내세요? 저도 본사와 문제가 생겨서 계약해지를 고려하고 있는데, 해지 사장님 경험을 들어보고 싶어서요."

나는 흔쾌히 만나기로 했다. 카페에서 만나 내가 겪었던 계약해지 과정을 자세히 설명해드렸다. 시정 요구부터 분쟁조정까지의 모든 절차, 주의사항, 필요한 서류, 예상되는 분쟁과 대응 방법 등을 구체적으로 알려드렸다.

"정말 도움이 많이 되네요. 이런 걸 어디서 배우셨어요?" 정정리 사장님이 물으셨다. "직접 겪어 보면서 배운 거죠. 가맹거래사님도 많이 도와

주셨고요. 저도 처음엔 아무것도 몰랐었는데…"

그분은 "이런 경험담을 다른 가맹점주들에게도 알려 주시면 정말 도움이 될 것 같은데요. 혹시 강의나 컨설팅 같은 걸 생각해 보신 적 없으세요?"라고 말씀하셨다.

그 말을 듣고 보니 정말 그럴 수도 있겠다는 생각이 들었다. 내가 겪었던 시행착오를 다른 분들은 피할 수 있게 도와드릴 수 있지 않을까?

2025년 11월 15일, 흐림

정정리 사장님 말이 계속 머릿속에 맴돌았다. 그동안 도움을 많이 받았던 가맹거래사에게 문의해 보니 폐점한 가맹점주가 받을 수 있는 지원이 생각보다 많았다.

첫 번째는 **소상공인 폐업 지원금**이다. 2025년부터 지원금이 최대 1천 5백만 원까지 확대되었으며, 폐업 비용 보전, 재취업 및 재창업 교육, 긴급 생계비 지원 등 다양한 방식으로 지급된다. 연 매출 10억 원 이하의 소상공인이 대상이며, 폐업 신고 후 6개월 이내에 신청해야 한다고 한다.

두 번째는 **희망리턴패키지 원스톱폐업지원 사업**이다. 이는 점포철거 비용 지원뿐만 아니라 사업정리 컨설팅, 법률자문, 채무조정 등 총 4가지 폐업 지원을 제공한다.

세 번째는 **새출발기금**이다. 2025년에는 지원 대상이 2020년 4월부터 2024년 11월까지 사업을 영위한 소상공인으로 확대되었다. 다행히 내 경우는 큰 채무가 없어서 해당사항은 없지만, 알아 두면 좋은 정보다.

네 번째는 재창업과 관련된 지원이다. 2025년 정부 창업지원사업에는 **예비창업패키지**, **초기창업패키지** 등이 있으며, 사업화 자금으로 5천만 원에서 1억 원 정도를 지원받을 수 있다.

2025년 12월 1일, 맑음

오늘은 정부 지원금에 대해 본격적으로 알아봤다. 그동안 도움을 많이 받았던 가맹거래사에게 문의해보니 폐점한 가맹점주가 받을 수 있는 지원이 생각보다 많았다.

소상공인시장진흥공단 홈페이지(www.semas.or.kr)에서 폐업 지원금을 신청해보기로 했다. 신청 기간이 2026년 2월 1일부터 6월 30일까지인데, 아직 기간이 남아있어서 다행이었다. 온라인으로 신청하면서 필요한 서류들을 업로드했다. 매장 정리를 체계적으로 했던 덕분에 필요한 서류들이 모두 준비되어 있었다.

희망리턴패키지도 신청했다. 특히 사업정리 컨설팅 서비스가 도움이 될 것 같았다. 앞으로 어떤 방향으로 나아갈지에 대한 전문적인 조언을 받을 수 있을 것 같다.

신청 과정에서 주의사항들을 꼼꼼히 확인했다. 지원금은 중복 신청이 불가능한 경우가 많고, 허위 신청은 절대 금지되며, 모든 지원금은 반드시 본인 명의 계좌로만 지급된다는 점 등을 기억해 두었다.

2026년 1월 15일, 눈

새로운 사업 아이디어가 구체화되고 있다. 지난 몇 주간 여러 가맹점주들의 상담을 해드리면서 확신이 생겼다. 내가 겪었던 경험들이 정말 도움이 되고 있다는 걸 실감했다.

나는 가맹점 전문 컨설팅 사업을 시작해 보려고 한다. 구체적으로는 다음과 같은 서비스를 제공할 생각이다.

① 가맹점 창업 전 계약서 검토 및 리스크 분석
② 가맹본부와의 분쟁 해결 컨설팅
③ 계약해지 절차 대행 및 자문

④ 가맹점 양도 절차 지원

⑤ 매장 정리 및 폐점 절차 컨설팅

특히 내가 직접 겪은 경험이 있어서 이론 위주의 컨설턴트들과 차별화될 수 있을 것 같다. 계약해지부터 매장 양도 시도, 매장 정리까지 전 과정을 경험해 봤으니까.

오늘 사업자등록을 했다. 상호명은 〈희망 컨설팅〉으로 정했다. 이름에서부터 내가 추구하는 가치를 담고 싶었다.

2026년 2월 8일, 맑음

드디어 폐업 지원금 8백만 원을 받았다! 희망리턴패키지를 통한 사업정리컨설팅 서비스도 시작되었다. 전문 컨설턴트와 상담하면서 구체적인 사업 계획을 수립할 수 있었다.

첫 번째 정식 고객도 생겼다. 〈가사모〉 모임을 통해 소개 받은 30대 후반의 카페 사장님이다. 본사와의 계약 분쟁으로 고민하고 계셨는데, 내가 제공한 컨설팅을 통해 성공적으로 문제를 해결하셨다.

"해지 사장님 같은 실제 경험이 있는 분에게서 조언을 들을 수 있어서 정말 도움이 많이 됐어요. 이론만 아는 컨설턴트와는 차원이 다르네요."라는 피드백을 받았다.

2026년 4월 12일, 따뜻

사업이 점점 궤도에 오르고 있다. 조금씩 입소문을 통해 상담 요청이 들어오고 있고, 가맹거래사와도 협력 관계를 구축했다. 복잡한 법적 문제는 가맹거래사가 담당하고, 실무적인 경험과 노하우는 내가 제공하는 구조로 역할을 나누었다.

특히 가맹점 정리 컨설팅 분야에서 전문성을 인정받고 있다. 내가 직접 해지를 시도했던 경험이 있어서 해지 과정에서 발생할 수 있는 모든 상황에 대해 실질적인 조언을 줄 수 있다.

오늘은 온라인 강의도 시작했다. 〈가맹점주를 위한 분쟁 해결 가이드〉라는 제목으로 내 경험을 체계적으로 정리한 강의 콘텐츠를 만들었다. 반응이 생각보다 좋다.

2026년 4월 20일, 따뜻

6개월 전만 해도 매장을 정리하며 막막했던 내가 이제는 다른 가맹점주들을 도와주는 일을 하고 있다. 정말 신기한 일이다.

오늘은 정기 건강 검진을 받았는데 놀라운 결과가 나왔다. 모든 수치가 정상 범위로 돌아왔다. 스트레스가 줄어들고 적당한 운동을 하며 규칙적인 생활을 하니 건강이 확연히 좋아졌다.

〈가사모〉에서 만나는 다른 사장님들도 내 변화를 신기해 한다. “해지 사장님이 정말 달라 보여요. 훨씬 밝아지셨어요.”라고 말씀해 주신다.

돌이켜보니 가맹점 폐점이 실패가 아니라 더 큰 성공을 위한 경험이었다는 걸 깨달았다. 계약해지, 분쟁 해결, 매장 정리 과정에서 겪었던 모든 어려움들이 지금의 전문성을 만들어준 소중한 자산이 되었다.

무엇보다 이제는 내 경험이 다른 분들에게도 도움이 되고 있다는 것이 가장 보람있다. 내가 겪었던 시행착오를 다른 분들은 피할 수 있게 도와드릴 수 있으니까.

KEYPOINT

폐점은 끝이 아닌 새로운 시작

– 가맹점 폐점은 실패가 아니라 소중한 경험과 교훈을 얻는 과정입니다. 운영 경험, 분쟁 해결 경험, 법적 절차 경험 등은 향후 어떤 일을 하든 도움이 되는 자산입니다.

다양한 정부 지원제도 활용

– 소상공인 폐업 지원금(최대 1천 5백만 원), 희망리턴패키지, 새출발기금(최대 15억 원 채무조정), 재창업 지원금 등 다양한 지원제도를 적극 활용해야 합니다.

경험을 자산으로 전환

– 가맹점 운영과 정리 과정에서 얻은 전문 지식과 경험을 새로운 사업 기회로 활용할 수 있습니다. 특히 같은 어려움을 겪는 다른 가맹점주들에게 도움을 주는 방향으로 발전시킬 수 있습니다.

TIP!

새출발기금 활용법

새출발기금 홈페이지(새출발기금.kr)에서 대상 여부 확인이 가능합니다.
대표전화: 1660–1378

희망리턴패키지 활용법

희망리턴패키지 홈페이지에서 대상 여부 확인 가능하며, 위기 소상공인의 경영 정상화 지원을 통한 폐업위기 극복과 신속 · 안전한 사업 정리 후 재창업 및 임금근로자 전환을 통한 안정적 재기 지원을 합니다.
대표전화: 1533–0100(소상공인 통합콜센터), 1357(중소기업 통합콜센터)

끝맺음

김해지의 이야기는 여기서 끝나지만, 그의 새로운 시작은 지금부터다. 가맹점 운영의 어려움을 겪었지만, 그 과정에서 얻은 소중한 경험과 지혜는 더 큰 성공을 위한 밑거름이 될 것이다. 때로는 끝이 새로운 시작이 되고, 실패가 더 큰 성공의 발판이 된다는 것을 김해지의 이야기를 통해 확인할 수 있다.

가맹점주라는 험난한 여정을 거쳐 온 모든 분들에게 희망과 용기를 전한다. 여러분의 경험 또한 소중한 자산이며, 새로운 도전을 위한 든든한 기반이 될 것이다.

에필로그

"정보공개서요? 그게… 뭐예요?"

법률상담을 받으러 올 때 가맹계약서랑 정보공개서를 가지고 오라는 변호사의 말에 대한 나의 대답이었다. 프랜차이즈를 창업했지만 적자를 견디지 못하고 6개월 만에 중도해지를 희망한다고 하니 위약금을 내라는 프랜차이즈 본사. 그래서 변호사 법률상담을 받으려고 했는데, 가맹계약 체결하기 전에 받았어야 할 정보공개서를 가져오라고 했다.

프랜차이즈 본사는 가맹희망자와 계약을 체결하기 14일 전에 정보공개서, 가맹계약서, 인근가맹점현황문서를 제공하여야 한다. 하지만 나는 정보공개서를 비롯한 어느 하나의 서류도 사전에 제공받지 못하고 가맹계약을 체결한 가맹점주였다. 그래서 정보공개서가 무엇인지조차 몰랐다.

프랜차이즈는 비싼 상품이다. 규모에 따라 다르지만 보통 수천만 원에서 억 단위가 넘는다. 평범한 사람의 인생에서 경험할 만한 거금 지출 중 '내 집 마련' 다음으로 비싸지 않을까 싶다. 꼬박 모아온 월급, 영혼까지 끌어모은 대출금, 퇴직금을 새로운 인생을 위해 투자한다. 170만 원짜리 노트북을 사기 전에도 몇 달을 알아보고 고민하는데, 프랜차이즈 창업을 위해서는 얼마나 알아보고 고민했겠는가. 그런데, 정작 170만 원짜리 상품보다도 정보가 없다. 최소 수천만 원짜리 상품이 말이다.

"가맹점 A점 실제 월매출 1억, 수익률 30%"
"30호점 돌파, 선착순 교육비 면제 혜택"
"자체 물류시스템, 원팩시스템으로 초보창업 가능"

어디서 한 번쯤 본 듯한 문구들이다. '프랜차이즈 창업'을 검색해 보면 보이는 가맹모집 광고의 문구들이다. 브랜드마다 조금씩은 다르지만 큰 틀은 같다. 예쁘게 포장된 수천만 원짜리 상품을 구매할지 말지 결정할 중요한 정보 중 일부다. 그런데 이게 사실인지, 객관적인 정보인지 가맹희망자는 알 수 없다. 프랜차이즈 본사만 알고 있다. 그것도 아주 정확히.

계약을 체결하고 점주가 된 후에는 그 정보들이 사실인지 아닌지 알 수 있지만, 뚜껑을 열어본 후에는 돌이킬 수 없다. 상품에 하자가 있다고 환불되지 않는다. 그래서 계약서에 도장 찍기 전에 '미리' 그 정보를 '공개'하라는 것이다.

프랜차이즈 전성시대

요즘은 개인 밥집이나 술집이 드물다. 어디를 둘러봐도 대부분 프랜차이즈다. 나는 '12시 땡' 하면 쏟아져 나오는 직장인들로 가득 찬 선릉, 대치동에서 3년 동안 점심을 먹었다. 커피랑 술도 마셨다. 그런 곳이라서인지, 어느 식당, 카페, 술집에 가도 손님들로 가득 차 있었다.

돈을 벌려면 물장사를 해야 한다던데…. 돈을 긁어모으는 듯한 카페 사장님이 보인다. 술집 사장님도 보인다. 나는 놀고 먹고 있는데, 저분들은 땀을 뻘뻘 흘리며 열심히 일하고 있다. 월급쟁이 부자는 없고, 돈을 벌려면 내 사업을 해야 한다는 말도 들린다. 외식업을 잘 모르는 나도 프랜차이즈 창업을 하면, 저렇게 내 돈을 벌면서 열심히 일할 자신이 있었다.

프랜차이즈면 일단 뭐든 좋을 것 같았다. 뭔가 남다른 것이 있을 것만 같았다. 세련돼 보이고, 내가 알지 못하는 노하우나 기술이 있을 것만 같고, 특출난 마케팅과 브랜딩이 역량이 있을 것 같았다. 몸은 힘들어도 되니 돈을 벌 수 있는 일. 그래서 프랜차이즈 외식업 창업을 결심했고, 나도 프랜차이즈 점주가 되었다.

프랜차이즈 본사의 갑질, 이름만 사장님, 현실은 노예

미디어에서만 보았던 이야기가 내 현실이 됐다. 프랜차이즈 본사와 민사소송을 하게 될 당사자가 될 줄도 몰랐다. 어쩌면 당신도 내 이야기에 공감해 이 책을 읽고 있을지 모른다.

나는 가맹점주를 보호하기 위해 만들어진 가맹사업법의 거의 모든 규정을 위반한 프랜차이즈 본사를 만나 계약을 체결했다. 민사소송에서는 매출표를 조작해 보여 주기까지 하며 계약을 체결하도록 유도했다는 사실도 밝혀졌다. 매장을 운영하는 동안 매출이 저조해 도움을 요청해도 단 한 번의 도움을 준 적이 없었다. 게다가 온라인에서 파는 똑같은 제품을 본사에서 2배가 넘는 가격에 팔고 있었다. 아무리 팔아도 남는 게 없었다. 적자를 못 버티고 6개월 만에 폐업을 하게 되니 위약금을 달라고 했다. 한 번도 와주지 않던 내 점포에 갑자기 직원들을 대동하여 기습점검을 하면서 나에게 불리한 내용을 촬영해 갔다. 가맹사업거래 분쟁조정을 신청하니, 보복성 내용증명과 재차 기습점검까지 이어졌다.

공정거래위원회에 등록된 1만 2천 개가 넘는 브랜드 중 어떻게 그런 브랜드를 고른 건지 스스로도 신기하다. 처음엔 '나도 참 보는 눈이 없다.'며 나 자신을 원망하기도 했지만, 나와 같은 피해자가 한둘이 아니라 수십 명이었더라. 이제는 누군가 피해자 보고 "너가 더 잘 알아봤었어야지."라고 말하면, "나쁜 짓을 한 사람이 잘못이지 피해자한테 책임을 묻는 문화는 없어져야 한다."고 소리 높여 말한다.

정말 월급은 없는데 일은 두 배였다. '노예'라는 말 말고는 표현이 안 된다. 프랜차이즈 본사에 돈을 벌어다 주는 노예. 고생만 하고 돈은 못 벌고 폐업하는데도 위약금이 또 들었다. 점포 임대차 계약도 기간이 남아 울며 겨자먹기로 운영은 이어가야 한다. 인건비조차 감당이 안 되니 가족들까지 자신의 본업을 때려치우고 무임금으로 가게에 들러붙었다.

가맹사업거래의 '공정화'에 관한 법률

그래서 프랜차이즈 전문 가맹거래사 겸 변호사에게 상담을 받았다. 그제야 가맹점주를 보호하는 법이 있다는 사실을 알게 됐다. 이름은 가맹사업거래의 '공정화'에 관한 법률이다. 뭔가 불공정하니 공정하게 하려고 만든 법인가 보다.

내가 겪은 가맹사업은 불공정했다. 가맹사업법을 하나도 지키지 않은 가맹본부를 경험했으니 그렇게 느낄 수밖에 없다. 이렇게 불공정한 계약이 또 있을까 싶다. 나만 돈 쓰고, 나만 일하고, 나만 돈을 잃었다. 그래서 나는 가맹사업법을 공부하기로 했다.

이것도 내가 당한 거네?

가맹사업법을 공부하면서 가맹본부가 위반한 수많은 위법행위들을 만났다. 가맹본부의 악질적인 행위들이 사실은 가맹사업법에서 금지하는 행위인 것도 그제야 알았다. 문제는, 가맹사업법의 존재 자체를 모르는 대부분의 가맹점주들은 가맹본부의 행위들이 위법한 것인지도 모른다는 것이다. 노예 가맹계약서에 도장을 찍기 전에 가맹사업법을 알았거나, 변호사나 가맹거래사의 상담을 받아봤더라면 인생 난이도가 이렇게까지 '하드 모드'로 바뀌지는 않았을 것 같다.

이제는 나도 가맹거래사가 되었다. 나에게도 가맹점주들에게 그들의 권리를 알려줄 수 있는 작은 능력이 생겼다. 나와 우리의 경험을 담아 쓴 이 책은, 평생 모아온 당신의 돈이나 부모님의 노후자금을 지키는 방법을 알려주는 일기장이다.

저자 소개

김용선

(현) (주)빨라쪼 대표이사

(전) 해태제과식품(주) 준법경영실장/ 내부회계관리자

고려대학교 법무대학원 공정거래법학과 석사

전남대학교 법과대학 졸업

제32회 공인중개사 자격시험 합격

제22회 가맹거래사 자격시험 합격

김성호

(현) 노무법인 리원 대표 공인노무사

(현) (사)대한가맹거래사협회 이사 겸 윤리위원장

(현) 삼성 생애설계교육 강사

(현) 맥세스컨설팅 전문강사

(전) 삼성그룹 계열사 인사팀장, 베트남 법인장

서울대학교 농업경제학과 졸업

제11회 공인노무사 자격시험 합격

제22회 가맹거래사 자격시험 합격

신윤석

(현) 법무법인 웨이브 파트너 변호사

(전) 법무법인 대호 변호사

(전) 대한상사중재원 경영기획팀

고려대학교 법학과 졸업

한국외국어대학교 법학전문대학원 졸업

제22회 가맹거래사 자격시험 합격

이창민

(현) 법무법인 웨이브 파트너 변호사

(현) 학교폭력심의위원회 심의위원(변호사위원)

(전) 법무법인 YK 변호사
(전) 법무법인(유한) 서울센트럴 변호사
(전) 엘지전자 주식회사
(전) 주식회사 브랜디
(전) 번개장터 주식회사
고려대학교 정치외교학과 졸업
제9회 변호사시험 합격
제22회 가맹거래사 자격시험 합격

허 국

(현) 행정사/가맹거래사 허국 사무소
(현) 넥서스 공인중개사 사무소
(현) 든든컨설팅 대표
(현) 울산남구청 소상공인컨설턴트
제10회 행정사 자격시험 합격
제20회 가맹거래사 자격시험 합격
제32회 공인중개사 자격시험 합격

박예지

(현) 법무법인 해율 변호사
(현) 서울시 공익변호사
(전) 법무법인 경연 변호사
(전) 법무법인 채움 변호사
동탄국제고등학교 졸업
연세대학교 철학과/경영학과 졸업
아주대학교 법학전문대학원 졸업
제22회 가맹거래사 자격시험 합격

민경훈

경희대학교 태권도학과/무역학과 졸업
제22회 가맹거래사 자격시험 합격

프랜차이즈 점주로 살아남기

초판발행 2025년 9월 15일

지은이 김용선·김성호·신윤석·이창민·허 국·박예지·민경훈
펴낸이 안종만·안상준

편 집 장유나·전혜민
기획/마케팅 김한유
표지디자인 권아린
제 작 고철민·김원표

펴낸곳 (주) 박영사
서울특별시 금천구 가산디지털2로 53, 210호(가산동, 한라시그마밸리)
등록 1959.3.11. 제300-1959-1호(倫)
전 화 02)733-6771
f a x 02)736-4818
e-mail pys@pybook.co.kr
homepage www.pybook.co.kr
ISBN 979-11-303-2405-0 03320

정 가 18,000원